공부가 즐거워지는

어휘력 쑥쑥

3단계

형민사

책머리에

"공부가 즐거워지는 어휘력 쑥쑥"은 초등학생의 어휘력 및 교과학습능력이 향상되도록 만들었습니다. 초등학교에 재직 중인 교사들이 집필하였고, 학생의 발달과정에 맞추었으며 교과서에 자주 나오고 각 교과학습에 꼭 필요한 어휘를 단계별로 선정하였습니다.

이 책의 특징은 다음과 같습니다.

첫째, 이야기가 있는 어휘 책입니다.

각 단원의 도입부분은 학습주제에 따라 동시나 이야기로 구성하여 친근하고 자연스럽게 어휘를 만날 수 있습니다.

둘째, 스스로 의미를 찾아가는 어휘 책입니다.

학생들 스스로 낱말 본래의 의미가 무엇일까? 생각하며 찾아내고 적용하도록 하였으며, 이런 학습을 통하여 창의적으로 생각하고 학습하는 능력을 키울 수 있도록 하였습니다.

셋째, 융합적인 사고를 촉진하는 어휘 책입니다.

서로 관련이 없는 낱말을 하나의 주제로 연결하여 전체를 유의미한 연결고리로 학습하도록 하였으며, 학생들이 주제 중심으로 모아진 어휘들을 학습하면서 미래 사회가 요구하는 융합적인 사고력을 키울 수 있게 될 것입니다.

공부가 즐거워지는 어휘력 쑥쑥 3단계의 구성

이 책은 모두 10개의 주제로 이루어져 있습니다. 각 단원마다 학습할 내용을 이야기로 먼저 만나고, 어휘 만나기-익히기-다지기-겨루기의 과정을 통하여 자연스럽게 어휘를 익힐 수 있도록 하였습니다. 첫째마당부터 넷째마당까지는 국어 공부를 위한 어휘를, 다섯째마당에서는 수학 공부를 위한 어휘를, 여섯째마당에서 여덟째마당까지는 사회공부를, 아홉째마당과 열째마당은 과학공부를 위한 어휘를 선정하여 각 교과학습에 도움이 되도록 하였습니다.

1. 단원명과 이야기

단원명은 그 단원에서 학습할 주제와 철학을 담고 있습니다.
매 단원 처음에 제시된 이야기는 어린이들을 주제로 이끌어주는 다리와 같은 역할을 합니다. 이야기 속에는 각 단원에서 학습할 단어들이 포함되어 있어서 자연스럽게 공부하고 싶도록 이끌어줍니다.

2. 어휘 만나기

어휘 만나기에서는 그 단원에서 학습할 어휘와 속담을 소개하고 있습니다. 학습에 들어가기 전에 이 어휘들 중에서 이미 뜻을 알고 있는 것과 그렇지 않은 것을 스스로 점검하여 학습효과를 높일 수 있도록 하였습니다.

3. 어휘 익히기

어휘의 뜻을 자세히 설명하고, 그 어휘를 활용한 문장을 예로 들어줌으로써 어휘의 뜻을 이해하기 쉽게 도와주고 있습니다. 어휘를 공부하는 좋은 방법은 낱말의

뜻을 무작정 외우려고 하지 말고 문장을 통해서 이해한 후 다른 문장을 많이 지어 보는 것입니다.

4. 어휘 다지기

어휘 다지기에서는 '한자로 알기 쉽게 배우는 우리말', '알아두면 좋을 외래어', '아름다운 순우리말', '개념 쏙쏙' 등 다양한 어휘를 제시하여 낱말을 좀 더 정확하고 폭넓게 사용할 수 있도록 하였습니다. '바른 인성을 기르는 속담'에서는 그림과 함께 조상의 삶과 지혜를 배우며 바른 인성을 기를 수 있도록 하였으며, '놀며 배우는 말의 재미'에서는 어휘가 가지고 있는 특징을 활용하여 놀이를 하며 어휘력을 높일 수 있도록 하였습니다.

5. 어휘 겨루기

어휘 겨루기에서는 그 단원에서 익히고 다진 내용을 바탕으로 다양한 문제풀이를 통하여 실력을 확인하도록 하였습니다.

6. 가로세로 재미있는 말놀이

십자말풀이를 통해 어휘를 가지고 노는 재미에 빠져 보세요.

목차

책머리에 ··· 2
어휘력 쑥쑥 3단계의 구성 ···························· 4

첫째마당 이야기 세상 ·························· 8

둘째마당 고운 마음 고운 말 ············· 18

셋째마당 비교하며 읽어요 ················ 28

넷째마당 배려하는 마음 ···················· 38

다섯째마당 생활 속의 수학 ·················· 48

여섯째마당	세계로 뻗는 우리 ………………… 58
일곱째마당	소통하는 사회 ………………… 68
여덟째마당	서로 다른 문화 ………………… 78
아홉째마당	살아있는 지구 ………………… 88
열째마당	식물의 일생 ………………… 98

정답……………………………………109

첫째마당 국어 공부를 위한 어휘 교실 1
이야기 세상

어느 숲 속에 개미와 베짱이가 살고 있었습니다.
뜨거운 여름에도 개미는 부지런히 땀 흘리며 일만 하였습니다.
그래서 추운 겨울 동안 먹을 만큼 넉넉히 양식을 모았습니다.
한편, 베짱이는 그 여름이 다 가도록 시원한 나무 그늘에 앉아서 노래만 불렀습니다.

드디어 추운 겨울이 찾아 왔습니다.
흰눈이 펑펑 쏟아져 내리던 추운 어느 겨울 날,
굶주림과 추위에 지친 베짱이가 배짱을 부리며 개미를 찾아갔습니다.
"개미님 개미님, 날씨는 춥고 먹을 것이라곤 곡식 알갱이 한 톨도 없습니다.
춥고 배고픈 저에게 부디 당신의 곳간에 있는 곡식을 좀 나누어 주십시오."
먹을 것을 얻으러 온 베짱이의 말투에는 미안한 마음이 들어 있지 않았습니다.

자, 여러분이 개미라면 어떻게 하고 싶습니까?
그렇게 생각한 까닭은 무엇입니까?

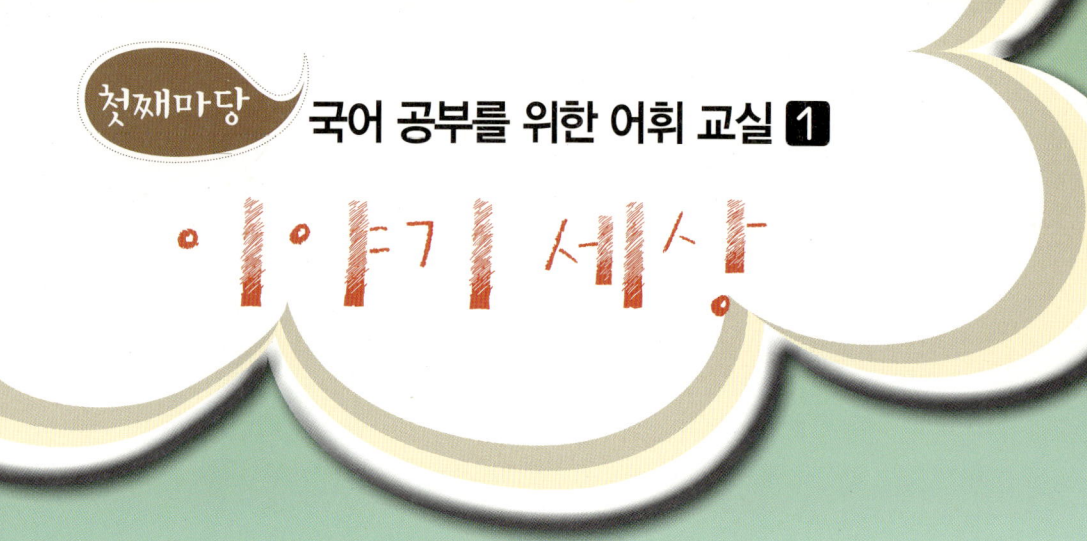

어휘 만나기

다음 핵심 낱말을 알아봅시다.

말투	몸부림	잡동사니	배짱
자연스레	까닭	계속하다	비틀다
넉넉히	삼키다	헐다	늘이다/늘리다

| 자본 | 숫자 | 지도자 | 자녀 |
| 자주정신 | | | |

| 캐릭터 | 미리내 | 높임말 |

바른 인성을 기르는 속담

- 지렁이도 밟으면 꿈틀한다.

첫째 마당. 이야기 세상 | 9

어휘 익히기

① 말투
말을 하는 버릇이나 본새. 비 어투, 말버릇
예 짝꿍의 빈정거리는 말투 때문에 기분이 상했다.

② 몸부림
㉠ 있는 힘을 다하거나 감정이 격할 때에, 온몸을 흔들고 부딪는 일.
㉡ 잠잘 때 이리저리 몸을 뒤치는 일.
㉢ 어떤 일을 이루기 위하여, 또는 저항·고통 따위를 견디기 위하여 온갖 수단과 방법으로 애씀을 비유적으로 이르는 말.
예 ㉠ 아이는 낯선 사람의 손아귀에서 벗어나려고 몸부림을 쳤지만 소용없었다.
㉡ 자면서 몸부림을 많이 치는 사람은 건강하다는 말도 있다.
㉢ 잃어버린 아들을 찾고자 하는 어머니의 몸부림은 처절하였다.

③ 잡동사니
잡다한 것이 한데 뒤섞인 것. 또는 그런 물건.
예 자기 집에 있던 헌 옷, 헌 가구 따위의 너절한 잡동사니를 늘어놓고 있었다.

④ 배짱
조금도 굽히지 아니하고 버티어 나가는 성품이나 태도.
예 내성적이던 친구한테 무슨 일이 있었는지 모르겠지만 배짱이 두둑해진 듯하였다.

⑤ 자연스레
㉠ 억지로 꾸미지 아니하여 이상함이 없이.
㉡ 순리에 맞고 당연하게.
예 ㉠ 언제 오셨는지 아버지께서 우리의 대화 사이에 자연스레 끼어 드셨다.
㉡ 사람이 살지 않는 집 마당은 자연스레 잡초로 뒤덮었다.

⑥ 까닭
일이 생기게 된 원인이나 조건.
예 수학시간에 축구를 하자는 선생님 말씀을 거부할 까닭이 없었다.

⑦ 계속하다
끊지 않고 이어 나가다.
예 수학 문제가 풀릴 때까지 공부를 계속하였다.

⑧ 비틀다

㉠ 힘 있게 바싹 꼬면서 틀다.
㉡ 일을 어그러지게 하다.
㉖ ㉠ 젖은 빨래를 비틀어 짰다.
　㉡ 계약서에 도장을 찍으려는 순간 분명한 까닭없이 계약을 비틀어 버렸다.

⑨ 넉넉히

㉠ 크기나 수량 따위가 기준에 차고도 남음이 있게.
㉡ 살림살이가 모자라지 않고 여유가 있게.
㉢ 가능성 따위가 충분하게.
㉖ ㉠ 용돈을 넉넉히 주셨으면 좋겠다.
　㉡ 우리 집은 넉넉히 살지 못했지만 행복했다.
　㉢ 혹독한 훈련을 견딘 우리 군사들이 적의 공격을 넉넉히 막아내리라 장담했다.

⑩ 삼키다

㉠ 무엇을 입에 넣어서 목구멍으로 넘기다.
㉡ 남의 것을 자기 것으로 만들어 버리다.
㉢ 웃음, 눈물, 소리 따위를 억지로 참다.
㉖ ㉠ 감기약을 꿀꺽 삼켰다.
　㉡ 일본은 독도를 삼키려고 억지 주장을 하지만 엄연히 우리 땅임을 인정해야 할 것이다.
　㉢ 공부시간에 갑자기 웃긴 이야기가 떠올라 웃음을 삼키느라 힘들었다.

⑪ 헐다

㉠ 집 따위의 축조물이나 쌓아 놓은 물건을 무너뜨리다.
㉡ 저장하여 둔 물건을 꺼내거나 쓰기 시작하다.
㉢ 일정한 액수의 돈을 쓰게 되어 그 액수의 상태를 유지하지 못하게 되다.
㉖ ㉠ 담장을 헐고 주차장을 만들었다.
　㉡ 김장 김칫독을 헐어서 먹기 시작하였다.
　㉢ 10만 원짜리 수표를 헐었더니 금방 바닥이 났다.

⑫ 늘이다

본디보다 더 길게 하다.
㉖ 고무줄을 늘이다.

늘리다

물체의 넓이, 부피 따위를 본디보다 커지게 하다.
㉖ 바짓단을 늘리다.

어휘 다지기

한자로 알기 쉽게 배우는 우리말

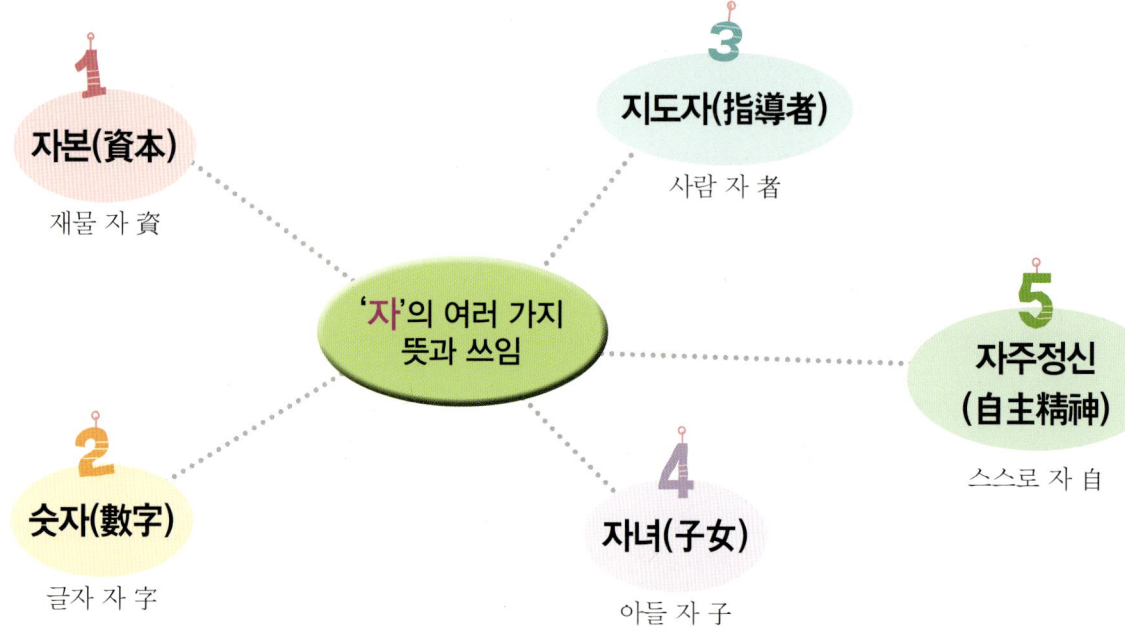

1. **자본**(재물 자 資, 근본 본 本)은 장사나 사업 따위의 기본이 되는 돈을 말합니다.
   예) 자본을 모아서 사업을 시작하려고 한다.

2. **숫자**(셀 수 數, 글자 자 字)는 수를 나타내는 글자. 1, 2, 3, …… 또는 一, 二, 三, …… 따위입니다.
   예) 1부터 100까지의 숫자를 세어 보아라.

3. **지도자**(가리킬 지 指, 인도할 도 導, 사람 자 者)는 남을 가르쳐 이끄는 사람을 말합니다.
   예) 지도자가 되려면 실력 뿐만 아니라 덕망도 갖추어야 한다.

4. **자녀**(아들 자 子, 여자 녀 女)는 아들과 딸을 아울러 이르는 말입니다.
   예) 자녀의 장래를 위하여 자신을 희생하는 부모를 많이 볼 수 있다.

5. **자주정신**(스스로 자 自, 주인 주 主, 정할 정 精, 귀신 신 神)은 남의 간섭이나 보호를 받지 아니하고 제 힘으로 일을 처리하려는 정신이라는 말입니다.
   예) 자주정신이 강한 민족이 자기 나라를 지킬 수 있다.

알아 두면 좋을 외래어

캐릭터 (character)

뜻: ㉠ 소설이나 연극 따위에 등장하는 인물. 또는 작품 내용 속에서 드러나는 인물의 개성과 이미지. ㉡ 소설, 만화, 극 따위에 등장하는 독특한 인물이나 동물의 모습을 디자인에 도입한 것. 장난감이나 문구, 아동용 의류 따위에 많이 쓴다.

예) ㉠ 드라마나 영화에는 캐릭터가 강한 인물들이 많이 등장한다.
㉡ 만화영화에 나온 인물의 캐릭터가 아이들의 사랑을 받는다.

아름다운 순우리말

미리내

뜻: ㉠ '은하수('은하'를 강(江)에 비유하여 일상적으로 이르는 말)'의 방언. ㉡ '미리'는 우리 고어에서 '미르' 즉 용을 뜻하는 말이고 '내'는 개울 시내 등을 뜻하는 말이다. 따라서 '미리내'라고 하면 용이 사는 시내라는 뜻이 된다.

예) 미리내가 흐르는 밤하늘을 보고 있자니 견우와 직녀가 생각난다.

개념 쏙쏙

● 높임말에 대하여 알아봅시다.

높임말이란?

뜻: ① 웃어른께 공경하는 마음을 담아 하는 말입니다.
② 할아버지, 할머니, 부모님, 선생님 등 웃어른께 사용해야 하는 말입니다.

높임을 나타내는 방법은?

① 문장을 '-습니다'로 끝냅니다. (예) 숙제를 하였습니다.)
② '-께'나 '-께서'를 붙입니다. (예) 어머니께, 아버지께서 등)
③ '-시-'를 넣습니다. (예) 할머니께서 걸어가신다.)
④ 높임의 뜻이 있는 낱말을 사용한다. (예) 밥 ➡ 진지, 집 ➡ 댁 등)

어휘 다지기

 **바른 인성을 기르는 속담**

지렁이도 밟으면 꿈틀한다.

뜻 아무리 눌려 지내는 미천한 사람이나 순하고 좋은 사람이라도 너무 업신여기면 가만있지 아니한다는 말.

 **놀며 배우는 말의 재미**

◉ 세 글자로 된 낱말을 이용하여 말 이어가기 놀이를 하여 봅시다.

마지막 글자로 이어가기

〈보기〉 몸부**림** - 산울**림** - 콩조**림** - 반올**림** - 선크**림** - 휴양**림** - 원시**림**

〈문제〉 넉넉**히** - ☐ - ☐ - ☐ - ☐ - ☐

 다음 물음에 답하시오. (1~3)

1. 다음 뜻풀이에 알맞은 낱말을 찾아서 선으로 이으시오.

   ① 힘 있게 바싹 꼬면서 틀다.   ㉠ 자연스레

   ② 조금도 굽히지 아니하고 버티어 나가는 성품이나 태도.   ㉡ 비틀다

   ③ 순리에 맞고 당연하게.   ㉢ 배짱

   ④ 끊지 않고 이어 나가다.   ㉣ 계속하다

2. (   )안에 들어갈 낱말로 알맞지 않은 것을 고르시오. ･････････････････････････ (   )

   > 발명은 우리 생활을 편리하게 해 줍니다. 발명품이 만들어지는 (   )는(은) 일상생활의 불편한 점을 고쳐서 편리하게 하려는 마음가짐 때문입니다.

   ① 영향   ② 원인   ③ 까닭   ④ 이유

3. 다음의 뜻을 가진 낱말을 연주와 민지의 대화문에서 찾아 쓰시오.

   > 연주 : 점심 먹고 운동장에서 얼음땡 놀이할래?
   > 민지 : 그러든지.
   > 연주 : 할 거야, 안 할 거야?
   > 민지 : 네 맘대로.
   > 연주 : 네 말투 땜에 생각을 잘 알 수 없잖아. 좀 분명하게 말해 봐.
   > 민지 : 뭐? 내 말투가 어때서.

   뜻 : 말을 하는 버릇이나 본새. ･･ (   )

어휘 겨루기

✋ ( )안에 알맞은 낱말을 보기에서 찾아 쓰시오. (4~7)

보기
   ㉠ 몸부림   ㉡ 넉넉히   ㉢ 비틀었다   ㉣ 삼켰다   ㉤ 헐다

4. 진호는 친구들과 함께 야구를 하기로 했던 약속을 일방적으로 ( ).

5. 물에 빠진 아이를 건지려는 ( )이 애처로웠다.

6. 계획을 세워 열심히 공부하였기에 이번 시험은 ( ) 통과할 것이다.

7. 태풍과 함께 높은 파도가 몰아쳐 바닷가 마을을 통째로 ( ).

✋ 다음 물음에 답하시오. (8~10)

8. 밑줄 그은 낱말 중에서 뜻이 <u>다르게 쓰인</u> 하나를 찾으시오. ………………… ( )

① 동생은 하루종일 쌓은 모래성을 <u>헐었다</u>.
② 오래된 성벽이 위험하여 <u>헐고</u> 새로 쌓을 예정이다.
③ 오랫동안 모아두었던 용돈을 <u>헐어</u> 부모님 생신 선물을 샀다.
④ 골목에 주차하는 문제를 해결하기 위해 담장을 <u>헐고</u> 주차장을 만들었다.

9. 다음 문장에서 밑줄 그은 낱말의 뜻을 찾으시오. ………………………… ( )

> 우리들은 언덕 위에 있는 낡은 성으로 숨어들었다. 성 안은 쥐 죽은 듯이 조용하였다. 맨 앞에 있던 형의 신호에 따라 지하실로 내려갔다. 거미줄이 얼굴에 달라붙었다. 지하실에는 작은 창으로 햇볕이 들어와 <u>잡동사니</u>들을 비추고 있었다. 녹이 슨 칼, 휘어진 수레바퀴, 낡은 말안장이 먼지를 뒤집어 쓴 채 아무렇게나 널려 있었다.

① 예로부터 대대로 내려오는 귀한 물건   ② 오래되어 값진 보물
③ 국가에서 관리하는 중요한 물건   ④ 잡다한 것이 한데 뒤섞인 물건

10. ( )안에 '늘이다(늘였다)'와 '늘리다(늘렸다)'를 알맞게 써 넣으시오.

㉠ 학교에서 시험 시간을 50분으로 ( ).
㉡ 더 맛있는 엿을 만들기 위해 여러 번 엿가락을 잡아 당겨서 ( ).

가로 세로 재미있는 말놀이

잠깐! 잠시~ 쉬었다 가도록 해요!

◉ 가로 열쇠와 세로 열쇠를 잘 읽고, 빈칸을 채우시오.

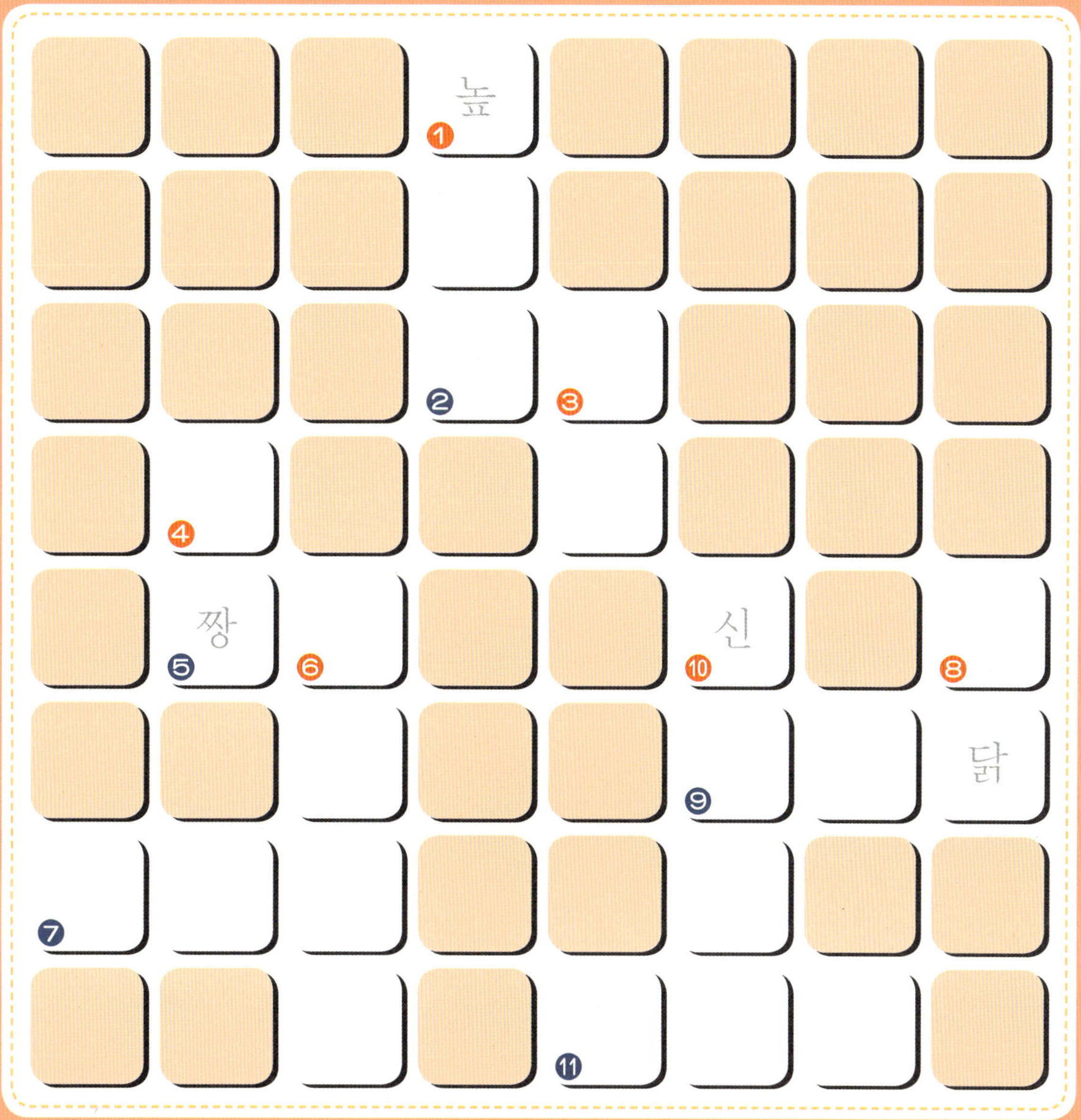

가로열쇠
❷ 말버릇, 네 ○○가 귀에 거슬려. ❺ 이마나 뒤통수가 툭 튀어 나옴, 앞○○, 뒤○○. ❼ 동해물과 백두산이~. ❾ 그 지방에서 예전부터 길러 오던 고유한 품종의 닭. ⓫ 고무줄을 ○○○.

세로열쇠
❶ 웃어른, 예절. ❸ 유리창, 맑은 물속. ❹ 조금도 굽히지 아니하고 버팀, ○○이 두둑하다. ❻ 조그맣게 차린 가게, 대형마트 때문에 점점 없어짐. ❽ 일이 생기게 된 원인. ❿ 자기가 사는 땅에서 생산한 농산물이라야 체질에 잘 맞음, 몸과 땅은 둘이 아님.

정답: 가로열쇠 ②말투 ⑤짱구 ⑦애국가 ⑨토종닭 ⑪늘이다 세로열쇠 ①높임말 ③투명 ④배짱 ⑥구멍가게 ⑧까닭 ⑩신토불이

둘째마당 국어 공부를 위한 어휘 교실 ❷
고운 마음 고운 말

지선이는 팔을 다친 호성이를 위해 대신 급식을 받아 주었습니다.
그런데 호성이는 지선이에게 짜증을 냈습니다.
"왜 이렇게 많이 받아 왔어. 밥이 너무 많잖아."

호성이와 지선이의 이야기를 보면서 어떤 기분이 들었나요?
도와주려던 지선이의 마음을 몰라주는 호성이가 밉다고요?
아니면 호성이에게 물어보지 않고 급식을 받아온 지선이가 잘못한 거라고요?

도와주려던 지선이에게 고마운 마음을 전하면서 이렇게 말했더라면 더 좋았을 거예요.
"지선아, 대신 받아 줘서 고마워. 밥이 평소 보다 많아서 그러는데 조금 덜어다 줄래.
부탁 좀 할게."
다른 사람에게 자신의 마음을 전할 때에는
상대방의 마음을 잘 살펴야 해요.

어휘 만나기

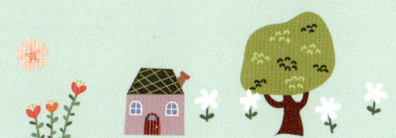

다음 핵심 낱말을 알아봅시다.

건너다	약속	알리다	다짐하다
살피다	기분	고개	평소
함께	갑자기	행실	얻다

기록	기간	기후	농기구
자기			

매트	물수제비	이어주는 말

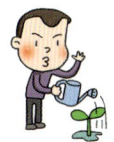

바른 인성을 기르는 속담

- 티끌 모아 태산.

어휘 익히기

① 건너다
㉠ 무엇을 사이에 두고 한편에서 맞은편으로 가다.
㉡ 한쪽에서 다른 쪽으로 옮아가다.
㉢ 끼니, 당번, 차례 따위를 거르다.
㉮ ㉠ 다리를 건너 산을 오르면 저 멀리 독도가 보인다.
  ㉡ 마을에 좋지 않은 소문이 이집 저집을 건너서 퍼졌다.
  ㉢ 점심을 건넜더니 몹시 배가 고팠다.

② 약속
다른 사람과 앞으로의 일을 어떻게 할 것인가를 미리 정하여 둠.
㉮ 내일 오후 세 시에 만나기로 친구와 약속을 했다.

③ 알리다
다른 사람에게 어떤 것을 소개하여 알게 하다.
㉮ 세계 사람들에게 우리 민족의 우수성을 알리자.

④ 다짐하다
㉠ 이미 한 일이나 앞으로 할 일에 틀림이 없음을 단단히 강조하거나 확인하다.
㉡ 마음이나 뜻을 굳게 가다듬어 정하다.
㉮ ㉠ 나라에 충성을 다짐하다.
  ㉡ 나는 그동안 미뤄 두었던 방학숙제에 전념할 것을 다짐했다.

⑤ 살피다
㉠ 두루두루 주의하여 자세히 보다.
㉡ 형편이나 사정 따위를 자세히 알아보다.
㉢ 자세히 따지거나 헤아려 보다.
㉮ ㉠ 횡단보도를 건널 때에는 우선 멈추어 서서 좌우를 살핀 다음, 안전하게 건너야 한다.
  ㉡ 세종 임금은 백성의 형편을 잘 살펴서 정치를 하였다.
  ㉢ 친구의 마음을 살피면서 말을 하면 좋겠다.

⑥ 기분
㉠ 대상이나 환경 따위에 따라 마음에 절로 생기며 한동안 지속되는 감정.
㉡ 주위를 둘러싸고 있는 상황이나 분위기.
㉮ ㉠ 작년에 같은 반이었던 친구가 있어서 기분이 좋았다.
  ㉡ 올림픽 출전이 확정되자 거리는 축제 기분에 휩싸였다.

⑦ 고개

목의 뒷등이 되는 부분.
예 컴퓨터를 오래 사용했더니 고개를 들 수 없게 아팠다.

⑧ 평소

특별한 일이 없는 보통 때.
예 체험학습을 가려고 평소보다 조금 일찍 일어나 준비하였다.

⑨ 함께

한꺼번에 같이. 또는 서로 더불어.
예 온 가족이 함께 모여 즐겁게 윷놀이를 하였다.

⑩ 갑자기

미처 생각할 겨를도 없이 급히.
예 맑았던 하늘에서 갑자기 소나기가 쏟아졌다.

⑪ 행실

실지로 드러나는 행동.
예 그 청년은 행실이 바르다고 마을 사람들이 입을 모아 칭찬한다.

⑫ 얻다

㉠ 거저 주는 것을 받아 가지다.
예 이사 가는 집에서 컴퓨터를 얻었다.

㉡ 긍정적인 태도·반응·상태 따위를 가지거나 누리게 되다.
예 책에서 기쁨을 얻다.

㉢ 구하거나 찾아서 가지다.
예 청년들이 일자리를 얻으려고 노력한다.

㉣ 돈을 빌리다.
예 은행에서 얻는 빚의 이자가 적다.

어휘 다지기

한자로 알기 쉽게 배우는 우리말

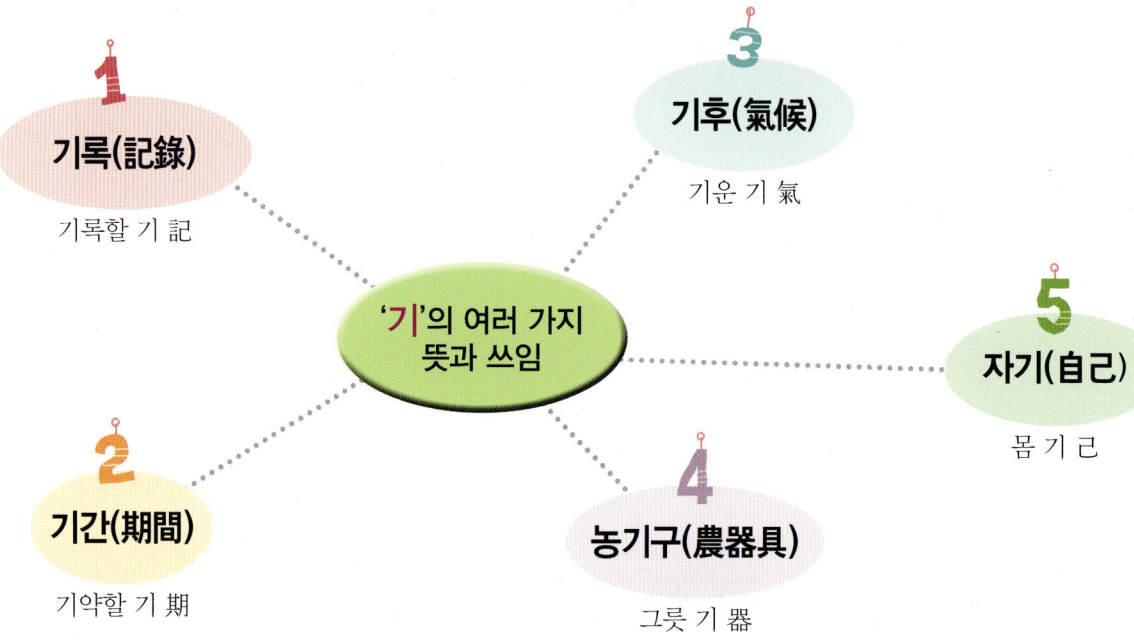

1. **기록**(기록할 기 記, 기록할 록 錄)은 주로 후일에 남길 목적으로 어떤 사실을 적음. 또는 그런 글을 말하거나, 운동 경기 따위에서 세운 성적이나 결과를 수치로 나타낸 것을 말하기도 합니다.
   예) 우리나라 수영선수가 세계 최고 기록을 세웠다.

2. **기간**(기약할 기 期, 사이 간 間)은 어느 일정한 시기부터 다른 어느 일정한 시기까지의 사이를 말합니다.
   예) 방학 기간 동안 꼭 해 보고 싶은 것을 중심으로 계획을 세워 봅시다.

3. **기후**(기운 기 氣, 기후 후 候)는 기온, 비, 눈, 바람 따위의 대기(大氣) 상태를 말합니다.
   예) 지구 온난화로 이상 기후 현상이 지구촌 여기저기에서 나타나고 있다.

4. **농기구**(농사할 농 農, 그릇 기 器, 갖출 구 具)는 농사를 짓는 데 쓰는 기구를 말합니다.
   예) 우리 마을 대장장이는 솜씨가 좋아 농기구를 잘 만든다.

5. **자기**(스스로 자 自, 몸 기 己)는 그 사람 자신을 말합니다.
   예) 아들은 집에 들어오자마자 자기 방으로 들어가 꼼짝도 하지 않았다.

알아 두면 좋을 외래어

매트(mat)
- 뜻: ㉠ 체조·유도·레슬링 따위의 운동을 할 때, 위험을 방지하기 위하여 바닥에 까는 물건.
  ㉡ 신의 흙을 떨거나 물기 따위를 닦아 내기 위하여 현관이나 방 입구에 놓아두는 깔개.
- 예) ㉠ 체육관 바닥에 매트를 깔고 레슬링을 하다.
  ㉡ 신발 바닥에 묻은 흙을 매트에 떨고 들어오너라.

아름다운 순우리말

물수제비
- 뜻: 둥글고 얄팍한 돌을 물 위로 튀기어 가게 던졌을 때에, 그 튀기는 자리마다 생기는 물결 모양.
- 예) 팽이를 잘 치는 동주가 시냇가에서 물수제비를 뜨고 있었다.

개념 쏙쏙

● 이어주는 말을 알아봅시다.

이어주는 말은? 단어와 단어, 구절과 구절, 문장과 문장을 이어 주는 구실을 하는 문장 성분을 말하는데 '접속어'라고 말하기도 합니다.

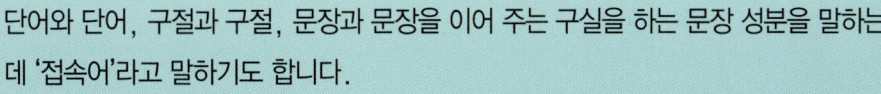
이어주는 말의 쓰임과 종류

① 앞의 내용과 뒤의 내용이 상반될 때 사용함. 예) 그러나, 그렇지만, 하지만 등.
② 앞의 내용이 뒤의 내용의 이유나 원인, 근거가 될 때 사용함. 예) 그러므로, 따라서, 그래서 등.
③ 단어, 구, 절, 문장 따위를 병렬적으로 연결할 때 사용함. 예) 그리고, 또, 및 등.

둘째 마당. 고운 마음 고운 말 | 23

어휘 다지기

 **바른 인성을 기르는 속담**

티끌 모아 태산.

뜻 '티끌'은 티와 먼지를 통틀어 이르는 말이며, 아무리 작은 것이라도 모이고 모이면 나중에 큰 덩어리가 됨을 비유적으로 이르는 말입니다.

 **놀며 배우는 말의 재미**

◉ 두 글자로 된 낱말을 이용하여 말 이어가기 놀이를 하여 봅시다.

첫 글자로 이어가기

〈보기〉 평소 – 평면 – 평균 – 평생 – 평등 – 평화 – 평행

〈문제〉 고개 – ㅤㅤ – ㅤㅤ – ㅤㅤ – ㅤㅤ – ㅤㅤ – ㅤㅤ

어휘 겨루기

 다음 물음에 답하시오. (1~3)

1. 다음 뜻풀이에 알맞은 낱말을 찾아서 선으로 이으시오.

   ① 자세히 따지거나 헤아려 보다.　　　　●　　　　●　㉠ 행실

   ② 실지로 드러나는 행동.　　　　●　　　　●　㉡ 살피다

   ③ 목의 뒷등이 되는 부분.　　　　●　　　　●　㉢ 약속

   ④ 다른 사람과 앞으로의 일을 어떻게 할 것인가를
      미리 정하여 둠.　　　　●　　　　●　㉣ 고개

2. (　)안에 공통으로 들어갈 낱말을 고르시오. ……………………………… (　　)

   > 　주희는 오늘 아침 청소 당번이었다. 늦게 일어나는 바람에 아침밥도 (　　) 집을 나섰다. 횡단보도를 두 번 (　　) 학교로 달려갔다. 서둘러 창문을 열고 청소를 하였다.

   ① 굶고　　② 건너고　　③ 지나고　　④ 헤매고

3. 다음의 뜻을 가진 낱말을 찾아 쓰시오.

   > 　둘레길은 주로 산의 둘레를 따라 일주하는 여행길인데, 걸어서 여행하는 것이 일반적이다. 높은 산을 오르기 힘든 사람들도 이용할 수 있어서 요즘 많은 사람들이 찾고 있다. 특히 지리산 둘레길은 아름다운 숲속과 마을을 연결하고 있어 구경거리가 많은 곳으로 널리 알리고 있다.

   > **뜻** : 다른 사람에게 어떤 것을 소개하여 알게 하고 ……………………… (　　)

어휘 겨루기

( )안에 알맞은 낱말을 보기에서 찾아 쓰시오. (4~7)

보 기
㉠ 갑자기 ㉡ 함께 ㉢ 기분 ㉣ 다짐하다 ㉤ 평소

4. 집으로 가려고 나서는데 (   ) 구름이 몰려오면서 소나기가 쏟아지기 시작했다.

5. 다른 사람의 (   )을 잘 살필 줄 알아야 좋은 관계를 유지할 수 있다.

6. 친구들과 (   ) 공부하니까 재미있고 잘 이해할 수 있어서 좋다.

7. 첫 출근 날이라서 (   ) 보다 옷차림에 더 신경 쓴 것 같았다.

다음 물음에 답하시오. (8~9)

8. 밑줄 그은 낱말 중에서 뜻이 <u>다르게 쓰인 하나</u>를 찾으시오. ……………… (   )

   ① 독서를 많이 하면 지식과 즐거움을 <u>얻을</u> 수 있다.
   ② 부모님의 격려에 자신감을 <u>얻었다</u>.
   ③ 이웃집에서 <u>얻은</u> 책상으로 공부할 수 있게 되었다.
   ④ 그녀는 자신이 하는 일에서 보람을 <u>얻었다</u>.

9. 다음 문장에서 밑줄 그은 낱말의 뜻을 찾으시오. ……………… (   )

   > 새해가 되면 학생들은 저마다 다짐을 합니다. 매일 운동 하기, 열심히 공부하기, 부모님 말씀 잘 듣기 등의 다짐을 하지만 한 달이 지나기도 전에 흐지부지 되곤 합니다.

   ① 마음이나 뜻을 굳게 가다듬어 정하다.
   ② 형편이나 사정 따위를 자세히 알아보다.
   ③ 두루두루 주의하여 자세히 보다.
   ④ 한쪽에서 다른 쪽으로 옮아가다.

다음 낱말을 넣어 문장을 만들어 쓰시오. (10)

10. 약속 : _____

가로 세로 재미있는 말놀이

잠깐! 잠시~ 쉬었다 가도록 해요!

● 가로 열쇠와 세로 열쇠를 잘 읽고, 빈칸을 채우시오.

가로열쇠 ❷ 이것을 잘 지키는 친구가 좋죠. ❺ 뾰족뾰족한 잎, 솔방울. ❽ 즐겁다, 슬프다, 분위기. ❾ 두루두루 주의하여 자세히 보다. 횡단보도에서 좌우를 ○○○. ⓫ 발톱, ○○○에게 생선을 맡기랴.

세로열쇠 ❶ 칫솔, 하루 세 번 사용. ❸ 예로부터 민간에 전하여 오는 쉬운 격언. ❹ 특별한 일이 없는 보통 때. ❻ 대롱처럼 생긴 입, 꿀, 날개가 아주 예쁘죠. ❼ 미처 생각할 겨를도 없이 급히. ❿ 조금만 아파도 엉엉, ○○쟁이. ⓬ 굳은 마음, 공부 잘하기, 게임 시간 지키기. '각오'와 비슷한 말.

정답: 가로열쇠 ❷약속 ❺소나무 ❽기분 ❾살피다 ⓫고양이 **세로열쇠** ❶치약 ❸속담 ❹평소 ❻나비 ❼갑자기 ❿엄살쟁이 ⓬다짐

셋째마당 국어 공부를 위한 어휘 교실 ❸
비교하며 읽어요

인쇄술의 발명이 없었다면 우리는 매일 책을 그대로 베껴 쓰는 일을 하면서 공부하겠죠. 인쇄술이 발명되고 난 후 불과 50년이 지난 1500년경에는 900만 권이 넘는 책들이 출판되었다고 하니, 인쇄기가 출판에서 차지하는 영향력이 매우 크다는 의미일 것이다.

고대 이집트인들은 파피루스로 종이를 만들어 사용하였다. 제조하는 법은 줄기 속의 섬유층을 제거하고 세로로 길쭉한 조각으로 잘라 이들을 나란히 놓은 다음 그 위에 다른 조각들을 직각으로 교차시킨다. 이렇게 2층으로 쌓은 시트를 풀이 죽게 압축시킨다. 말리는 동안 아교 같은 수액(樹液)이 시트를 서로 접착시킨다. 마지막으로 시트를 망치로 두드린 다음 햇볕에 말려서 종이로 사용한다.

우리 조상들은 닥나무 껍질을 재료로 하여 종이를 만들어 책, 창문과 벽, 방바닥 등에 사용하였다. 제조하는 방법은 닥나무를 채취하여 닥나무 껍질을 벗긴다. 벗긴 닥나무 껍질을 삶은 후 씻은 다음 방망이로 두드리면 섬유질이 잘게 부서진다.

이것을 물에 풀어서 틀에 고르게 떠서 말리면 종이가 된다. 이렇게 어려운 과정을 견디면서 종이를 만들어 쓰고자 힘썼던 의미가 무엇일지 생각해 봅시다.

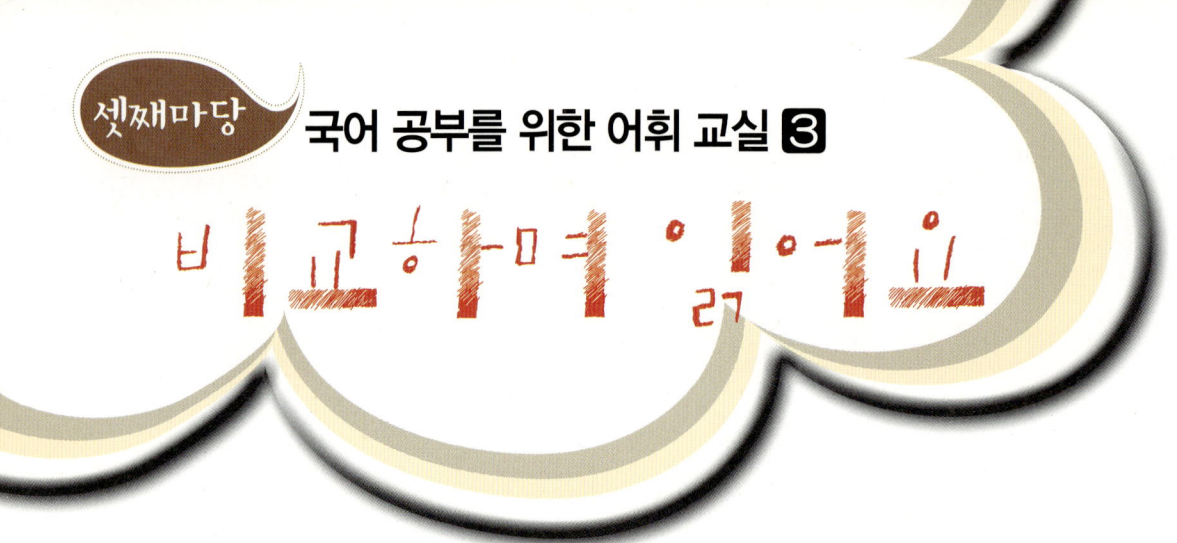

어휘 만나기

다음 핵심 낱말을 알아봅시다.

고르다	가끔	어렵다	의미
수북이	종종걸음	팔짱	한시름
힘쓰다	슬그머니	기척	견디다

| 의존 | 의복 | 의사 | 의무 |
| 의구심 |

| 마트 | 여우비 | 낱말의 짜임 |

바른 인성을 기르는 속담

● 구르는 돌은 이끼가 안 낀다.

셋째 마당. 비교하며 읽어요 | 29

어휘 익히기

① 고르다
㉠ 여럿 중에서 가려내거나 뽑다. ㊎ 선발하다, 선택하다
㉡ 여럿이 다 높낮이, 크기, 양 따위의 차이가 없이 한결같다.
㉢ 상태가 정상적으로 순조롭다. ㊎ 균일하다
㉔ ㉠ 키가 큰 사람에게 어울리는 옷을 고르다.
　 ㉡ 도로면이 고르지 않아 사고 가능성이 높다.
　 ㉢ 낮잠을 주무시는 할아버지의 숨결이 고르다.

② 가끔
시간적·공간적 간격이 얼마쯤씩 있게.
㉔ 중학교에 가더라도 가끔 만나자.

③ 어렵다
㉠ 하기가 까다로워 힘에 겹다.
㉡ 겪게 되는 곤란이나 시련이 많다.
㉢ 말이나 글이 이해하기에 까다롭다.
㉣ 가난하여 살아가기가 고생스럽다.
㉤ 성미가 맞추기 힘들 만큼 까다롭다.
㉥ 가능성이 거의 없다.
㉔ ㉠ 수학경시대회 문제가 아주 어려웠다.
　 ㉡ 가정이 어려울 때일수록 가족들끼리 마음을 모아 극복해야겠다.
　 ㉢ 이 책은 초등학생이 읽기에 너무 어렵구나!
　 ㉣ 어려운 살림살이를 잘 꾸려서 드디어 가난에서 벗어났다.
　 ㉤ 그 남자는 성미가 어려워 친구들이 많지 않다.
　 ㉥ 그 문제는 만장일치로 결정하기는 어려운 일입니다.

④ 의미
말이나 글의 뜻.
㉔ 글 속에 숨은 의미를 파악하면서 읽도록 한다.

⑤ 수북이
㉠ 쌓이거나 담긴 물건 따위가 불룩하게 많이.
㉡ 식물이나 털 따위가 촘촘하고 길게 나 있는 상태로.
㉔ ㉠ 어젯밤에 심하게 바람이 불어 낙엽이 수북이 쌓였다.
　 ㉡ 그 남자의 팔과 손등에는 털이 수북이 나 있었다.

⑥ 종종걸음
발을 가까이 자주 떼며 급히 걷는 걸음. ㊎ 동동걸음
㉔ 갑자기 추워진 날씨로 사람들은 목을 움츠리고 종종걸음으로 서둘러 귀가하였다.

⑦ 팔짱

두 손을 각각 다른 쪽 소매 속에 마주 넣거나, 두 팔을 마주 끼어 손을 두 겨드랑이 밑으로 각각 두는 일.
예 설날 아침 솜저고리에 팔짱을 낀 아이들이 세배를 다니고 있다.

⑧ 한시름

마음에 걸려 풀리지 않고 항상 남아 있는 큰 근심과 걱정.
예 할머니는 옛날 노래를 들으며 한시름을 놓으셨다.

⑨ 힘쓰다

㉠ 힘을 들여 일을 하다.
㉡ 남을 도와주다.
예 ㉠ 아르바이트를 하느라 시간이 부족하였지만 학업에 힘썼다.
㉡ 외삼촌께서 형의 취업을 위해 힘써 주셨다.

⑩ 슬그머니

남이 알아차리지 못하게 슬며시.
예 문방구 앞을 슬그머니 지나치려했지만 주인이 반갑게 부르셨다.

⑪ 기척

누가 있는 줄을 짐작하여 알 만한 소리나 기색.
예 잠자리에 들려고 할 때 밖에서 웅성거리는 사람들의 기척이 들려왔다.

⑫ 견디다

㉠ 사람이나 생물이 일정한 기간 동안 어려운 환경에 굴복하거나 죽지 않고 계속해서 버티면서 살아 나가는 상태가 되다.
예 동물들은 추위를 견디기 위해 겨울잠을 잔다.

㉡ 물건이 열이나 압력 따위와 같은 외부의 작용을 받으면서도 일정 기간 동안 원래의 상태나 형태를 유지하다.
예 노인이 등에 진 짐의 무게를 견디고 서 있다.

셋째 마당. 비교하며 읽어요 | 31

어휘 다지기

한자로 알기 쉽게 배우는 우리말

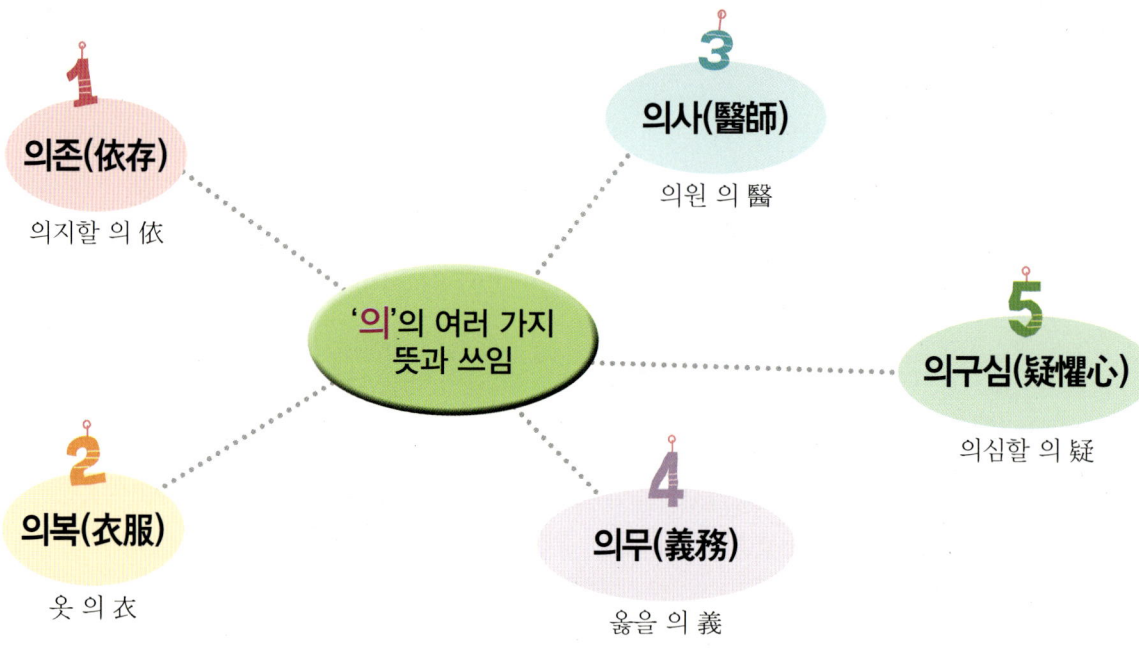

 의존(의지할 의 依, 있을 존 存)은 다른 것에 의지하여 존재함을 말합니다.
  예) 부모님에게 지나치게 의존하면 스스로 삶을 살아가기 힘들 수 있다.

2 **의복**(옷 의 衣, 옷 복 服)은 몸을 싸서 가리거나 보호하기 위하여 피륙 따위로 만들어 입는 물건, 즉 옷을 말합니다.
  예) 전통의복의 불편한 점을 개량한 한복이 인기를 얻고 있다.

3 **의사**(의원 의 醫, 스승 사 師)는 병을 진찰하고 치료하는 사람을 말합니다.
  예) 배가 아파서 의사의 진찰을 받았다.

4 **의무**(옳을 의 義, 힘쓸 무 務)는 사람으로서 마땅히 하여야 할 일. 곧 맡은 직분을 말합니다.
  예) 아버지로서의 의무를 다하기 위해 노력하고 있다.

5 **의구심**(의심할 의 疑, 두려워할 구 懼, 마음 심 心)은 믿지 못하고 두려워하는 마음을 말합니다.
  예) 숲속으로 들어갈수록 과연 현실세계인지 아닌지 의구심이 들었다.

 알아 두면 좋을 외래어

마트 (mart)

뜻: 대형 할인점을 가리킵니다.
'슈퍼마켓'은 "식료품, 일용 잡화, 의료품 따위의 가정용품을 갖추어 놓고 대량·염가·현금 판매를 원칙으로 하는 큰 소매점으로, 대량으로 물건을 사들여서 싼값으로 팔며, 물건을 살 사람이 직접 물건을 고르고 물건값은 계산대에서 치르게 되어 있다."와 같이 뜻풀이 되는 말이고, '편의점'은 "고객의 편의를 위하여 24시간 문을 여는 잡화점. 주로 일용 잡화, 식료품 따위를 취급한다."와 같이 뜻풀이 되는 말입니다.
예) 부모님은 물건을 싸게 사려고 늦은 저녁에 마트에 가신다.

 아름다운 순우리말

여우비

뜻: 볕이 나 있는 날 잠깐 오다가 그치는 비.
예) 여우비가 온 끝이라 개울가의 풀들이나 물빛이 더욱 뚜렷하였다.

 개념 쏙쏙

 낱말의 짜임을 알아봅시다.

❀ 쪼갤 수 없는 낱말이란?
낱말을 쪼개었을 때 각각 아무 뜻도 가지지 못하여 더 이상 나눌 수 없는 낱말입니다.

❀ 낱말의 짜임 알아보기
① 쪼갤 수 없는 낱말: 더 작은 부분으로 나눌 수 없는 낱말입니다.
　예) 김, 밥, 국, 사과, 거울, 이불, 바닥, 베개 등
② 쪼갤 수 있는 낱말: 더 작은 부분으로 나눌 수 있는 낱말입니다.
　예) 김밥(김+밥), 국밥(국+밥), 햇사과(햇+사과), 돌다리(돌+다리), 감나무(감+나무) 등

어휘 다지기

바른 인성을 기르는 속담

구르는 돌은 이끼가 안 낀다.

뜻 '이끼'는 잎과 줄기의 구별이 분명하지 않고 고목이나 바위, 습지에서 잘 자라는 식물입니다.

이 속담은 부지런하고 꾸준히 노력하는 사람은 계속 발전한다는 뜻입니다. 돌에 이끼가 끼면 돌인지 아닌지 그 모양을 확인할 수 없겠죠? 자신을 발전시키기 위해 열심히 노력하세요.

놀며 배우는 말의 재미

◉ 세 글자로 된 낱말을 이용하여 말 이어가기 놀이를 하여 봅시다.

가운데 글자로 이어가기

〈보기〉 고르다 – 무르다 – 푸르다 – 어르다 – 사르다 – 오르다 – 가르다

〈문제〉 세우다 – ☐ – ☐ – ☐ – ☐ – ☐

 다음 물음에 답하시오. (1~3)

1. 다음 뜻풀이에 알맞은 낱말을 찾아서 선으로 이으시오.

   ① 마음에 걸려 풀리지 않고 항상 남아 있는 큰 근심과 걱정. ●　　● ㉠ 한시름

   ② 말이나 글의 뜻. ●　　● ㉡ 의미

   ③ 두 손을 각각 다른 쪽 소매 속에 마주 넣어두는 일. ●　　● ㉢ 종종걸음

   ④ 발을 가까이 자주 떼며 급히 걷는 걸음. ●　　● ㉣ 팔짱

2. (　)안에 공통으로 들어갈 낱말을 고르시오. ·················· (　　)

   > 학급회의 시간이었다. 가정형편이 (　　) 친구들을 돕기 위해 여러 가지 의견이 나왔다. 결정하기가 (　　) 의견이 많았다. 그래서 다음 회의 때까지 더 생각해보기로 하였다.

   ① 나쁜　　② 좋은　　③ 훌륭한　　④ 어려운

3. 다음의 뜻을 가진 낱말을 찾아 쓰시오.

   > 　화산의 종류에는 지금도 화산활동을 하는 활화산, 화산활동이 완전히 멈춘 사화산, 과거에는 분화하였으나 현재는 활동하지 않는 휴화산으로 나눈다. 휴화산 중에는 잠들어 있던 산들이 어느 날 갑자기 깨어나 엄청난 위력을 보이며 인류에 막대한 영향을 끼치고 있다.
   > 　많은 사진사들이 뜨거운 열과 수증기, 화산재 등을 견디며 최대한 가까이 다가가 생생한 화산활동 사진과 동영상을 찍으려고 힘쓰고 있다.

   뜻 : 힘을 들여 일을 하고 ······································ (　　　)

어휘 겨루기

( )안에 알맞은 낱말을 보기에서 찾아 쓰시오. (4~7)

> **보기**
> ㉠ 슬그머니　　㉡ 수북이　　㉢ 종종걸음　　㉣ 기척　　㉤ 힘쓰다

4. 이웃집 아저씨가 (　　) 으로 아파트 현관을 나서고 있다.

5. 무슨 까닭인지 모르겠지만 경찰을 보자 아이는 엄마 뒤로 (　　) 숨었다.

6. 환경미화원이 (　　) 쌓인 낙엽을 쓸고 있다.

7. 자정이 가까워진 시간에 창문 밖에서 들려오는 (　　) 에 주의를 기울였다.

다음 물음에 답하시오. (8~9)

8. 밑줄 그은 낱말 중에서 뜻이 <u>다르게</u> 쓰인 하나를 찾으시오. ·············· (　　)

　① 매일 미끄럼을 탔으니 아무리 튼튼한 바지라도 <u>견디겠느냐</u>.
　② 동물들은 추위를 <u>견디기</u> 위해 겨울잠을 잔다.
　③ 사막에서 사는 식물들은 잎을 가시로 만들어 건조한 기후를 <u>견딘다</u>.
　④ 사람들은 추위와 더위를 <u>견디기</u> 위해 옷을 입는다.

9. 다음 문장에서 밑줄 그은 낱말의 뜻을 찾으시오. ··················· (　　)

> 거인이 잠을 자려고 누웠다. 드르렁드르렁 코 고는 소리가 소인국을 뒤흔들었다. 한참 지나니 거인의 숨소리가 <u>고르게</u> 되었다. 소인국 사람들은 그제서야 한시름을 놓고 잠자리에 들었다.

　① 여럿 중에서 가려내거나 뽑다.　② 가능성이 거의 없다.
　③ 상태가 정상적으로 순조롭다.　④ 힘을 들여 일을 하다.

다음 낱말을 넣어 문장을 만들어 쓰시오. (10)

10. 가끔 : _____

잠깐! 잠시~ 쉬었다 가도록 해요!

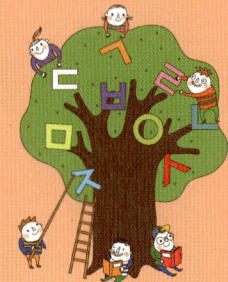

가로 세로 재미있는 말놀이

가로 열쇠와 세로 열쇠를 잘 읽고, 빈칸을 채우시오.

■	■	❶ ①	짱	■	■	■	■
③	■		■	■	■	■	■
❷			■	■	■	■	■
	■	■	❹ 수	⑤		■	■
	■	⑦	■		■	⑨	■
■	■	❻			■	우	■
■	■		■	■	■	❿	
■	❽	음	■	■	■	■	■

가로열쇠 ❶ 두 팔을 마주 끼어 손을 두 겨드랑이 밑으로 각각 두는 일, 연인 사이. ❷ 큰 걱정, 취업해서 ○○○을 놓다. ❹ 낙엽이 ○○○, 과자가 ○○○. ❻ 무릎과 발목 사이의 뒤쪽 근육, ○○○가 굵다. ❽ ㄱ, ㄴ, ㄷ....등. ❿ 에헴, 누가 있는 줄을 짐작하여 알 만한 소리나 기색.

세로열쇠 ① 팔심을 겨루는 내기. ③ 우리나라, ○○민국. ⑤ 둥둥둥, ○○○에 맞춰 행진하다. ⑦ 급하게 걷는 걸음, 총총걸음, 동동걸음. ⑨ 강우량을 재는 기구, 세종 때.

정답: 가로열쇠 ①팔짱 ②한시름 ④수북이 ⑥종아리 ⑧자음 ⑩기침 **세로열쇠** ①팔씨름 ③대한민국 ⑤북소리 ⑦종종걸음 ⑨측우기

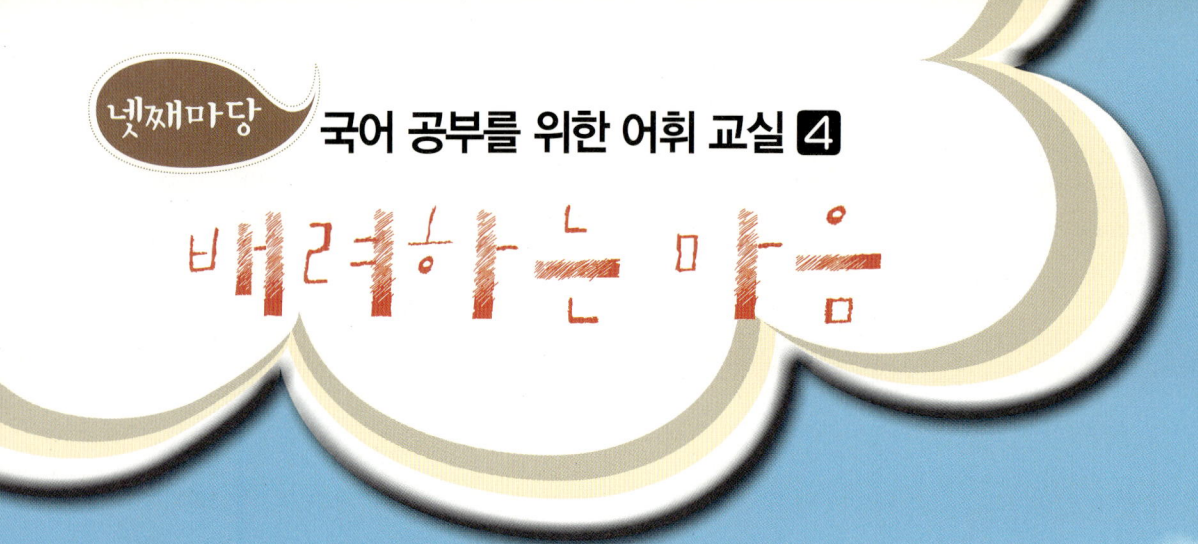

넷째마당 국어 공부를 위한 어휘 교실 4
배려하는 마음

여러분도 이와 비슷한 경험이 있었나요? 사실을 알아보려고 하지 않고 자기 마음대로 이야기를 지어내서 놀리는 아이들에게 당해 본 적 없나요?

사실이 아닌 것으로 놀림을 받은 아이는 억울한 마음에 몸서리가 쳐지고 교실 귀퉁이에 숨고 싶어지지요.

장난으로 하는 말들이 듣는 사람에겐 커다란 상처가 될 수 있다는 점을 반드시 잊지 말고 조심하며 말하도록 해요.

"말 한 마디로 천 냥 빚도 갚을 수 있으니까요."

"얘, 오줌 싸나 봐."

"아까 급식 받다가 흘려서 그래"

"네가 몇 살인데 오줌을 싸니?"

 다음 핵심 낱말을 알아봅시다.

걷다	걸다	낫다	덤불
노릇	귀퉁이	몸서리	어귀
벼슬	반듯이/반드시	그리다	잇다/있다/잊다

차이 · 이익 · 일석이조 · 중이염
이민

마크 · 머줍다 · 문장의 종류

 바른 인성을 기르는 속담

🌼 굽은 지팡이는 그림자도 굽어 보인다.

넷째 마당. 배려하는 마음 | 39

어휘 익히기

① 걷다
㉠ 다리를 움직여 바닥에서 발을 번갈아 떼어 옮기다.
㉡ 어떠한 방향으로 나아가다.
㉢ 전문직에 종사하다.
예 ㉠ 아기가 아장아장 걷는 모습이 귀엽다.
　　㉡ 나의 꿈과는 다른 길을 걷고 있었다.
　　㉢ 그는 평생 사람의 생명을 살리는 의사의 길을 걸었다.

② 걸다
㉠ 벽이나 못 따위에 어떤 물체를 떨어지지 않도록 매달아 올려놓다.
㉡ 기계 따위가 작동하도록 준비하여 놓다.
㉢ 기계 장치가 작동되도록 하다.
예 ㉠ 벽에 못을 박고 액자를 걸었다.
　　㉡ 내일 신문을 발행하기 위해 원고를 윤전기에 걸었다.
　　㉢ 자동차에 시동을 걸다.

③ 낫다
㉠ 보다 더 좋거나 앞서 있다.
㉡ 병이나 상처 따위가 고쳐져 본래대로 되다.
예 ㉠ 서민들 살림살이로는 겨울 보다 여름이 낫다.
　　㉡ 감기가 낫는 것 같더니 도로 심해졌다.

④ 덤불
어수선하게 엉클어진 수풀.
예 나무 덤불을 헤치고 오리 떼가 날아올랐다.

⑤ 노릇
㉠ 그 직업, 직책을 낮잡아 이르는 말.
㉡ 맡은 바 구실.
예 ㉠ 나라고 평생 말단 공무원 노릇이나 하라는 법 있소?
　　㉡ 사람 노릇하려면 예의를 잘 지켜야지.

⑥ 귀퉁이
㉠ 사물이나 마음의 한구석이나 부분.
㉡ 귀의 언저리.
예 ㉠ 가슴 한 귀퉁이에 왠지 모를 슬픔이 밀려왔다.
　　㉡ 주먹으로 귀퉁이를 쥐어박다.

⑦ 몸서리
몹시 싫거나 무서워서 몸이 떨리는 일.
예 고문 당했던 일이 떠올라 몸서리가 쳐진다.

⑧ 어귀
드나드는 목의 첫머리.
예 동네 어귀로 접어들자, 멀리서 개 짖는 소리가 들렸다.

⑨ 벼슬
관아에 나가서 나랏일을 맡아 다스리는 자리.
예 영의정 벼슬도 저 싫으면 할 수 없죠.

⑩ 반듯이

작은 물체, 또는 생각이나 행동 따위가 비뚤어지거나 기울거나 굽지 아니하고 바르게.
예) 그는 벽에 등을 기대고 반듯이 앉은 자세로 깊은 생각에 잠겼다.

반드시

틀림없이 꼭.
예) 지진이 일어난 뒤에는 반드시 해일이 발생하니까 주의를 기울여야 한다.

⑪ 그리다

㉠ 연필, 붓 따위로 어떤 사물의 모양을 그와 닮게 선이나 색으로 나타내다.
㉡ 생각, 현상 따위를 말이나 글, 음악 등으로 나타내다.
㉢ 상상하거나 회상하다.
예) ㉠ 여름방학에 가족과 함께 여행한 경험을 그렸다.
　　㉡ 이 영화는 이순신 장군이 왜군을 물리친 업적을 그렸다.
　　㉢ 상장을 받는 모습을 그리며 공부를 하니까 힘든 줄 모르겠다.

⑫ 잇다

두 끝을 맞대어 붙이다.
예) 섬과 섬을 잇는 다리.

있다

사람이나 동물이 어떤 상태를 계속 유지하다.
예) 고양이가 웅크리고 자고 있다.

잊다

한번 알았던 것을 기억하지 못하거나 기억해 내지 못하다.
예) 우산을 어디에 두었는지 잊었다.

어휘 다지기

한자로 알기 쉽게 배우는 우리말

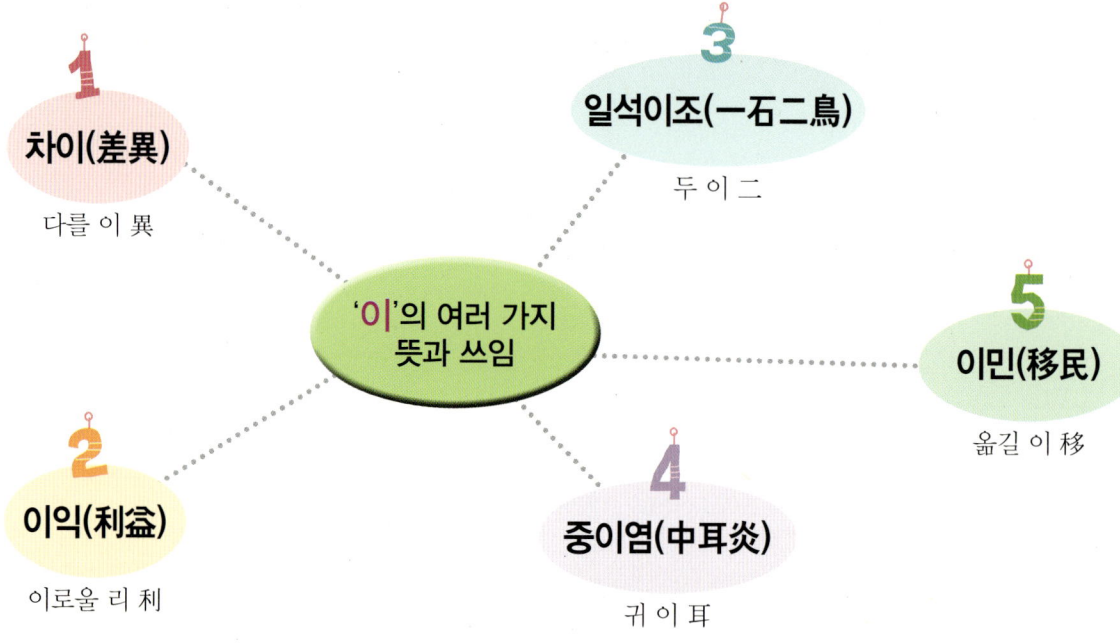

1. **차이**(어긋날 차 差, 다를 이 異)는 서로 같지 아니하고 다름. 또는 그런 정도나 상태를 말합니다.
   예) 나이 차이가 많아서 서로 어울리기 힘들었다.

2. **이익**(이로울 리 利, 더할 익 益)은 물질적으로나 정신적으로 보탬이 되는 것을 말합니다.
   예) 우리 회사는 원유를 수송해서 막대한 이익을 올렸다.

3. **일석이조**(하나 일 一, 돌 석 石, 두 이 二, 새 조 鳥)는 돌 한 개를 던져 새 두 마리를 잡는다는 뜻으로, 동시에 두 가지 이득을 봄을 이르는 말입니다.
   예) 5일 장에서 다른 동네 사람들 이야기도 듣고 좋은 물건도 살 수 있으니 일석이조 아니겠냐?

4. **중이염**(가운데 중 中, 귀 이 耳, 불꽃 염 炎)은 고름 병원균 때문에 일어나는 가운데귀의 염증을 말합니다.
   예) 수영을 하고 나서 귓속의 물을 잘 말리지 않았더니 중이염이 생겼다.

5. **이민**(옮길 이 移, 백성 민 民)은 자기 나라를 떠나 다른 나라로 이주하는 일을 말합니다.
   예) 만주로 이민 간 사람들의 고통이 심하였다.

알아 두면 좋을 외래어

마크(mark)
- 뜻: 어떠한 뜻을 나타내기 위해 쓰는 부호나 문자, 단체 따위를 상징하여 나타내기 위해 옷이나 모자 따위에 붙이는 표.
- 예) 학교의 마크가 찍힌 옷을 입으세요.

아름다운 순우리말

머줍다
- 뜻: 동작이 둔하고 느리다.
- 예) 오늘 처음 온 직원이라서 일하는 것이 좀 머줍다.

개념 쏙쏙

 문장의 종류를 알아봅시다.

① 설명하는 문장 : 설명할 때 사용하며 문장의 끝에 마침표(.)를 쓴다.
  예) 빨간 장미꽃이 피었어요.
② 느낌을 표현하는 문장 : 느낌을 표현할 때 사용하며 문장의 끝에 느낌표(!)를 쓴다.
  예) 우아, 오늘 반찬은 정말 맛있구나!
③ 무엇인가를 묻는 문장 : 무엇인가를 물어볼 때 사용하며 문장의 끝에 물음표(?)를 쓴다.
  예) 점심시간에 뭐하고 놀까?
④ 무엇을 하도록 시키는 문장 : 무엇을 하도록 시킬 때 사용하며 문장의 끝에 마침표(.)를 쓴다.
  예) 공을 이쪽으로 던져.
⑤ 함께 하기를 요청하는 문장 : 함께 하기를 요청할 때 사용하며 문장의 끝에 마침표(.)를 쓴다.
  예) 공부 끝나고 나서 함께 우리 집에 가서 게임하자.

어휘 다지기

 **바른 인성을 기르는 속담**

굽은 지팡이는 그림자도 굽어 보인다.

뜻 구부러진 지팡이의 그림자가 어떻게 생겼을까요? 역시 구부러진 모양의 그림자겠죠. 그처럼 제 본래의 모습이 좋지 않은 것은 아무리 하여도 숨기지 못함을 비유한 말입니다.

그러므로 우리들은 마음가짐과 행동을 항상 올바르게 하도록 노력해야겠습니다.

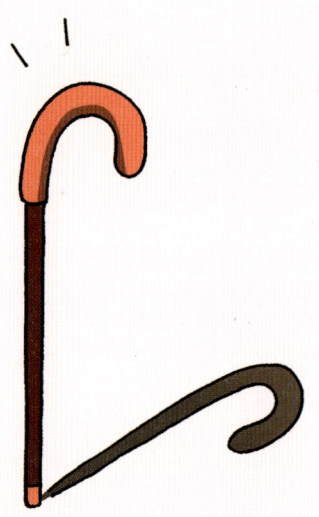

 **놀며 배우는 말의 재미**

◉ 세 글자로 된 낱말을 이용하여 말 이어가기 놀이를 하여 봅시다.

첫 글자로 이어가기

〈보기〉 귀퉁이 – 귀고리 – 귀공자 – 귀밑샘 – 귀부인 – 귀염성 – 귀이개

〈문제〉 몸서리 – ⬚ – ⬚ – ⬚ – ⬚ – ⬚ – ⬚

어휘 겨루기

다음 물음에 답하시오. (1~3)

1. 다음 뜻풀이에 알맞은 낱말을 찾아서 선으로 이으시오.

① 드나드는 목의 첫머리. ● ● ㉠ 벼슬

② 관아에 나가서 나랏일을 맡아 다스리는 자리. ● ● ㉡ 몸서리

③ 어수선하게 엉클어진 수풀. ● ● ㉢ 어귀

④ 몹시 싫거나 무서워서 몸이 떨리는 일. ● ● ㉣ 덤불

2. ( )안에 들어갈 낱말로 알맞은 것을 고르시오. ( )

> 숙제를 하려고 가방 속에 (㉠) 책과 공책을 꺼냈다. 그런데 숙제가 무엇인지 (㉡) 친구에게 전화를 걸었다. 친구가 알려 준대로 숙제를 했다.

① ㉠-잊는 ㉡-잊어서 ② ㉠-잊는 ㉡-있어서
③ ㉠-있는 ㉡-잊어서 ④ ㉠-잇는 ㉡-있어서

3. 다음의 뜻을 가진 낱말을 찾아 쓰시오.

> 저녁을 먹은 후 아버지는 선호를 불러놓고 사뭇 진지하게 말씀하셨다.
> 아버지 : 선호야, 열심히 공부해서 사람 노릇해야한다.
> 선호 : 사람 노릇이 무엇인가요?
> 아버지 : 사람으로서 다른 생명을 소중히 하고, 자기 맡은 일을 성실히 해서 피해를 주지 않는 거란다.
> 선호 : 친구들에게 폭력을 쓰지 않는 것도 사람 노릇이겠네요?
> 아버지 : 우리 선호는 하나를 가르쳐 주면 열을 안다니까.

뜻 : 맡은 바 구실. ( )

어휘 겨루기

( )안에 알맞은 낱말을 보기에서 찾아 쓰시오. (4~7)

보기
 ㉠ 걷다   ㉡ 나았다   ㉢ 어귀   ㉣ 걸어   ㉤ 덤불

4. 강가에 있는 (   ) 을 헤치고 청둥오리 떼가 날았다.

5. 올림픽에서 1등을 한 선수의 목에 금메달을 (   ) 주었다.

6. 잠을 푹 자고 일어나니 감기가 씻은 듯이 (   ).

7. 마을 (   )에 다다르자 강아지가 먼저 달려와 반겼다.

다음 물음에 답하시오. (8~10)

8. 밑줄 그은 낱말 중에서 뜻이 <u>다르게 쓰인 하나</u>를 찾으시오. ·························· (   )
   ① 우산도 쓰지 않은 채 비를 맞으며 철벅철벅 <u>걸었다</u>.
   ② 아버지는 학생들을 가르치는 보람으로 평생 교사의 길만 <u>걸었다</u>.
   ③ 우리들은 산 정상을 바라보며 걷고 또 <u>걸었다</u>.
   ④ 젊은이들은 짐을 지고도 성큼성큼 <u>걸었다</u>.

9. 밑줄 그은 낱말 중에서 뜻이 <u>다르게 쓰인 하나</u>를 찾으시오. ·························· (   )
   ① 내 꿈이 이루어질 날을 <u>그리며</u> 열심히 공부합니다.
   ② 학예회에서 공연하게 될 모습을 <u>그리면</u> 웃음이 나옵니다.
   ③ 김 감독은 올림픽 우승컵을 들었던 영광을 <u>그리며</u> 피식 웃었다.
   ④ 철쭉이 피어있는 뒷동산을 <u>그려서</u> 전학 간 친구에게 보내 주었다.

10. (   )안에 '반듯이'와 '반드시'를 알맞게 써 넣으시오.

   • 체험학습을 가기 위해서는 (㉠   ) 내일 아침 8시 30분까지 오세요.
   • 어머니는 머리를 (㉡   ) 빗어 넘기시고, 사진을 찍으러 가셨다.

가로 세로 재미있는 말놀이

잠깐! 잠시~ 쉬었다 가도록 해요!

🌐 가로 열쇠와 세로 열쇠를 잘 읽고, 빈칸을 채우시오.

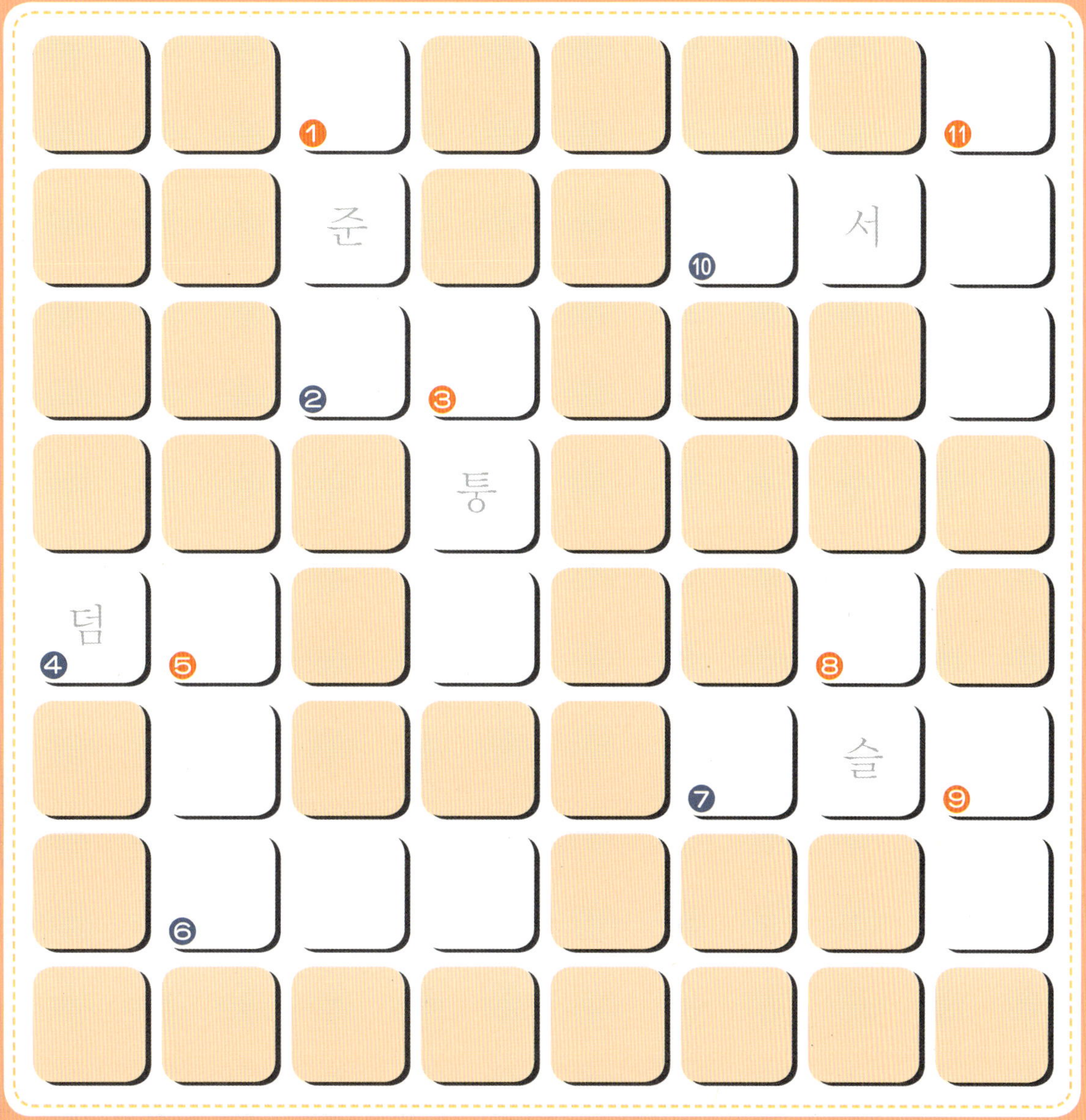

가로열쇠 ❷ 드나드는 목의 첫머리 강○○, 마을 ○○. ❹ 어수선하게 엉클어진 수풀. ❻ ○○○을 잘 하면 용돈이 생기기도 하죠. ❼ 연체동물, 2cm 정도, 검은 갈색에 흰 얼룩무늬. ❿ 몹시 싫거나 무서워서 몸이 떨리는 일, ○○○ 치다.

세로열쇠 ❶ 공용어, 방언의 반대말. ❸ 귀의 언저리. ❺ 119, 꺼진 불도 다시 보자. ❽ 나랏일, ○○도 저 싫으면 할 수 없죠. ❾ 슬픈 ○○, 즐거운 ○○. ⓫ 경험을 ○○○, 그림물감.

정답: 가로열쇠 ❷어귀 ❹덤불 ❻심부름 ❼다슬기 ❿몸서리 세로열쇠 ❶표준어 ❸귀퉁이 ❺불조심 ❽벼슬 ❾기분 ⓫그리다

넷째 마당. 배려하는 마음

다섯째마당 수학 공부를 위한 어휘 교실
생활 속의 수학

여러분은 길을 걷다가 맨홀 뚜껑을 본적 있나요?
맨홀 뚜껑은 모두 원형인데 왜 그럴까요?
만일 삼각형이나 사각형으로 생겼다면 어떻게 될까요?

맨홀 뚜껑에도 수학이 숨어 있답니다.
맨홀은 땅속에 묻은 수도관이나 하수관, 배선(配線) 따위를 검사하거나 수리 또는
청소하기 위하여 사람이 드나들 수 있게 만든 구멍이랍니다.

맨홀 뚜껑이 삼각형이나 사각형이라면 뚜껑을 조금만 돌려도
맨홀 안으로 떨어질 수 있어요.
그런데 지름이 모두 같은 동그란 맨홀 뚜껑은 그럴 염려가 없답니다.

우리 생활 주변에서 수학이 이용된 것이
무엇이 있는지 찾아봅시다.

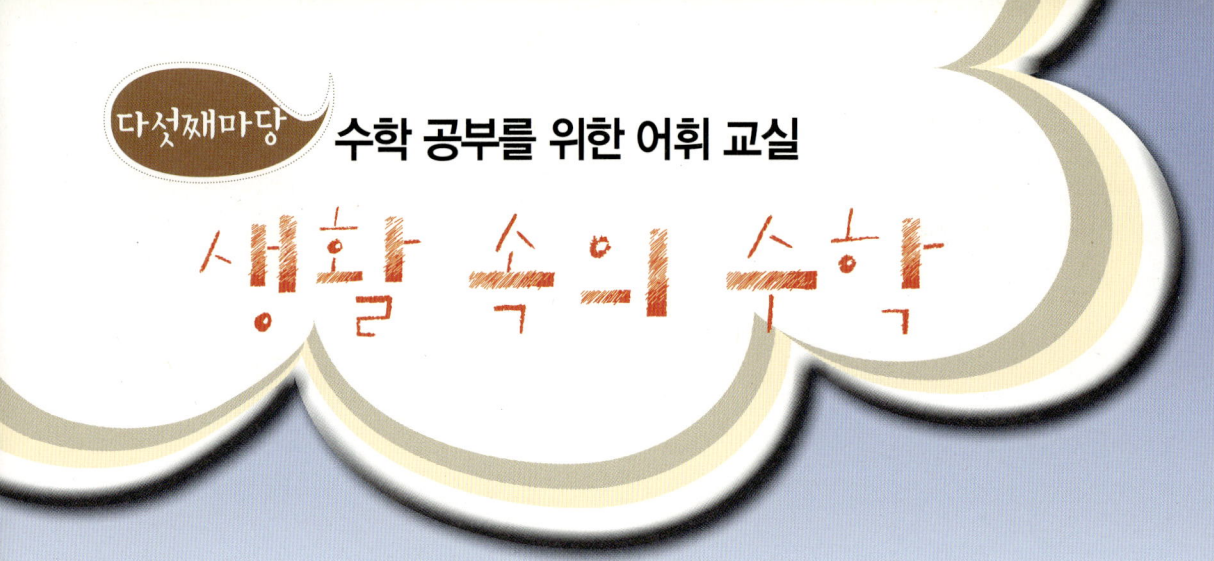

어휘 만나기

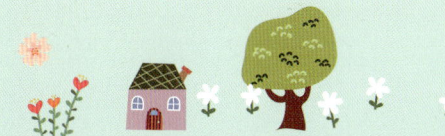

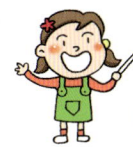

다음 핵심 낱말을 알아봅시다.

모양	곡선	소수	사각형
중심	둘레	지름	밀리미터
본뜨다	선분	컴퍼스	모서리

학부모	모발	외모	모범생
모집			

레시피	우수리	원의 중심과 반지름

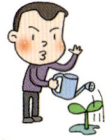

바른 인성을 기르는 속담

- 콩 심은 데 콩 나고 팥 심은 데 팥 난다.

어휘 익히기

① 모양
㉠ 겉으로 나타나는 생김새나 모습.
㉡ 어떤 모습과 같은 모습.
㉣ ㉠ 남자들의 머리 모양이 다양해졌다.
　　㉡ 버섯 모양으로 생긴 구름이 두둥실 떠간다.

② 곡선
㉠ 모나지 아니하고 부드럽게 굽은 선.
㉡ 점이 평면 위나 공간 안을 연속적으로 움직일 때 생기는 선.
㉣ ㉠ 시청역에서 서울역까지의 구간은 곡선 철로로 되어 있다.
　　㉡ 한복이 가지고 있는 멋은 우아한 곡선에 있다.

③ 소수
㉠ 적은 수효. 반 다수
㉡ 0보다 크고 1보다 작은 실수. 0 다음에 점을 찍어 나타낸다.
㉣ ㉠ 소수의 의견이라도 존중하자.
　　㉡ 소숫점 이하 둘째자리까지 계산하여라.

④ 사각형
네 개의 선분으로 둘러싸인 평면 도형.
㉣ 논 가운데 사각형 팻말이 꽂혀 있다.

⑤ 중심
㉠ 사물의 한가운데.
㉡ 사물이나 행동에서 매우 중요하고 기본이 되는 부분.
㉢ 원둘레나 구 위의 모든 점으로부터 같은 거리에 있는 점.
㉣ ㉠ 도시는 자연적 교통로의 중심에 위치한 경우가 많다.
　　㉡ 이 지역 농사는 버섯 재배가 중심을 이룬다.
　　㉢ 컴퍼스로 원을 그리면 침을 꽂은 자리가 중심이 된다.

⑥ 둘레
㉠ 사물의 테두리나 바깥 언저리.
㉡ 사물의 가를 한 바퀴 돈 길이.
㉣ ㉠ 운동장 둘레를 네 바퀴 돌았다.
　　㉡ 아기들은 머리 둘레와 가슴 둘레의 차이가 크지 않다.

⑦ 지름

원이나 구 따위에서, 중심을 지나는 직선으로 그 둘레 위의 두 점을 이은 선분.
- 예 원형의 맨홀을 사용하는 것은 지름의 길이가 모두 같기 때문이다.

⑧ 밀리미터

미터법에 의한 길이의 단위. 1밀리미터는 1미터의 1,000분의 1이다. 기호는 mm.
- 예 기계공들은 1밀리미터의 차이도 없이 깎는 기술을 연습한다.

⑨ 본뜨다

- ㉠ 무엇을 본보기로 삼아 그대로 좇아 하다.
- ㉡ 이미 있는 대상을 본으로 삼아 그대로 좇아 만들다.
- 예 ㉠ 아이들은 부모의 행동을 본뜨게 마련이다.
- ㉡ 백제 양식을 본떠 만든 석탑이다.

⑩ 선분

직선 위에서 그 위의 두 점에 한정된 부분. 직선 상의 두 점을 A, B라고 할 때 A, B를 양 끝으로 하는 선분을 '선분 AB'라고 한다.
- 예 5개의 선분으로 둘러싸인 도형을 오각형이라고 한다.

⑪ 컴퍼스

자유롭게 폈다 오므렸다 할 수 있는 두 다리를 가진 제도용 기구. 원이나 호를 그리는 데 주로 사용한다.
- 예 컴퍼스를 이용하여 원을 그리세요.

⑫ 모서리

- ㉠ 물체의 모가 진 가장자리.
- 예 침대 모서리에 걸터앉다.
- ㉡ 다면체에서 각 면의 경계를 이루고 있는 선분들.
- 예 사각형의 모서리는 4개이다.

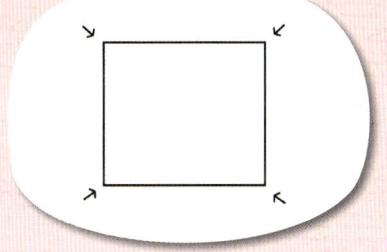

어휘 다지기

한자로 알기 쉽게 배우는 우리말

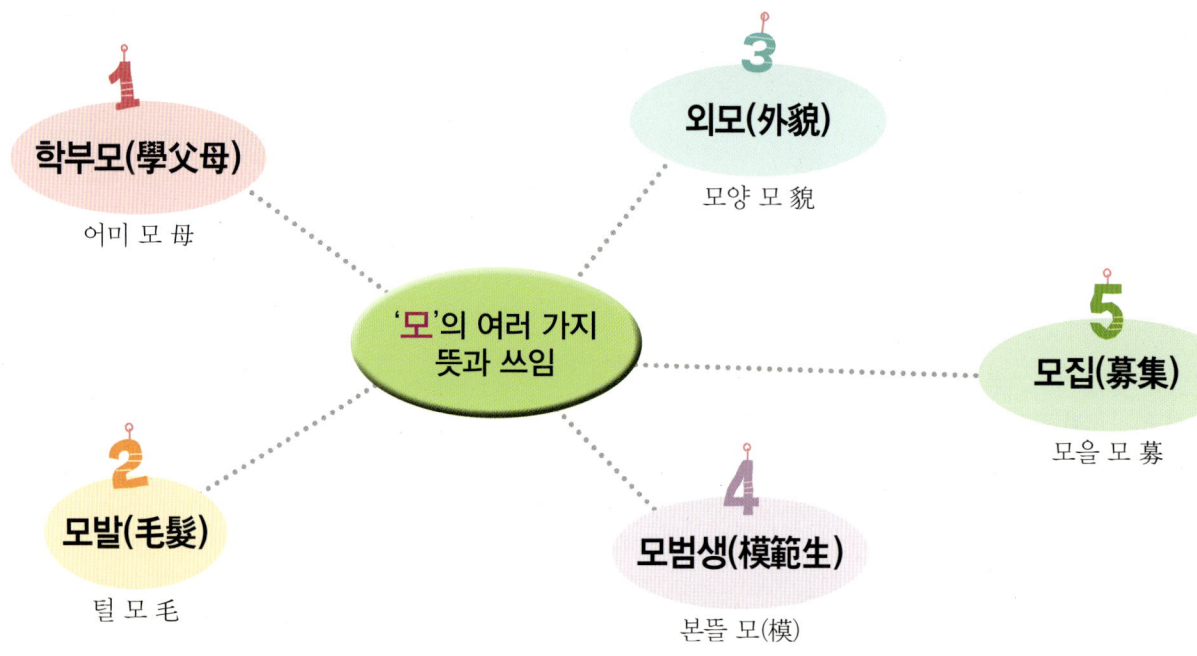

1. **학부모**(배울 학 學, 아비 부 父, 어미 모 母)는 학생의 아버지나 어머니라는 뜻으로, 학생의 보호자를 이르는 말입니다.
   예) 매장은 입학기를 맞아 교복을 구입하려는 학부모들로 붐볐다.

2. **모발**(털 모 毛, 털 발 髮)은 사람의 몸에 난 털을 통틀어 이르는 말입니다.
   예) 잦은 염색으로 모발이 많이 상하였다.

3. **외모**(바깥 외 外, 모양 모 貌)는 겉으로 드러나 보이는 모양을 말합니다.
   예) 그 애는 요즘 외모에 부쩍 신경을 쓴다.

4. **모범생**(본뜰 모 模, 법 범 範, 날 생 生)은 학업이나 품행이 본받을 만한 학생을 말합니다.
   예) 내 친구는 삼년 동안 한 번도 지각하지 않은 모범생이다.

5. **모집**(모을 모 募, 모을 집 集)은 사람이나 작품, 물품 따위를 일정한 조건 아래 널리 알려 뽑아 모으는 것입니다.
   예) 올림픽을 앞두고 자원봉사자를 모집하고 있는 중이다.

 **알아 두면 좋을 외래어**

레시피(recipe)
뜻: 음식을 만드는 방법.
예) 음식을 하기 전에 레시피를 보면 좀더 손쉽게 만들 수 있다.

 **아름다운 순우리말**

우수리
뜻: ㉠ 물건값을 제하고 거슬러 받는 잔돈.
㉡ 일정한 수나 수량에 차고 남는 수나 수량.
예) ㉠ 우수리 300원은 받지 않을 테니 물건이나 좋은 것으로 주시오.
㉡ 운동회때 기념품으로 나누어준 공책 우수리가 9권이었다.

 **개념 쏙쏙**

 원의 중심과 반지름을 알아봅시다.

- 원의 가장 안쪽에 있는 점 ㅇ을 **원의 중심**이라 합니다.
- 원의 중심(ㅇ)과 원 위의 한 점(ㄱ)을 이은 선분ㅇㄱ을 **원의 반지름**이라고 합니다.

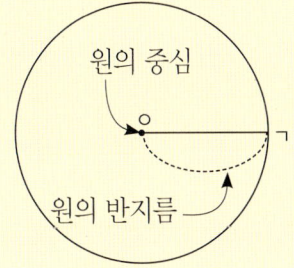

다섯째 마당. 생활 속의 수학 | 53

어휘 다지기

 **바른 인성을 기르는 속담**

콩 심은 데 콩 나고 팥 심은 데 팥 난다.

뜻 밭에 콩을 심었으니 콩이 자라는 게 마땅하고, 팥을 심으면 팥이 자라는 게 마땅하다는 말로, 모든 일은 근본에 따라 거기에 걸맞은 결과가 나타나는 것임을 비유적으로 이르는 말입니다.

비슷한 속담
- 가시나무에 가시가 난다.
- 대나무 그루에선 대나무가 난다.
- 배나무에 배 열리지 감 안 열린다.
- 오이 덩굴에 오이 열리고 가지 나무에 가지 열린다.
- 오이씨에서 오이 나오고 콩에서 콩 나온다.
- 왕대밭에 왕대 난다.

 **놀며 배우는 말의 재미**

◉ 두 글자로 된 낱말을 이용하여 말 이어가기 놀이를 하여 봅시다.

마지막 글자로 이어가기

〈보기〉 선분 – 연분 – 화분 – 구분 – 전분 – 고분 – 양분

〈문제〉 모양 – ☐ – ☐ – ☐ – ☐ – ☐

어휘 겨루기

✏️ **다음 물음에 답하시오. (1~3)**

1. 다음 뜻풀이에 알맞은 낱말을 찾아서 선으로 이으시오.

   ① 원이나 구 따위에서, 중심을 지나는 직선으로 그 둘레 위의 두 점을 이은 선분.   ● ㉠ 둘레

   ② 자유롭게 폈다 오므렸다 할 수 있는 두 다리를 가진 제도용 기구.   ● ㉡ 지름

   ③ 사물의 테두리나 바깥 언저리.   ● ㉢ 컴퍼스

   ④ 0보다 크고 1보다 작은 실수.   ● ㉣ 소수

2. ( )안에 공통으로 들어갈 낱말을 고르시오. ············· ( )

   > 우리 마을에는 커다란 저수지가 있다. 저수지 ( )에는 나무와 바위들이 어우러져 아름답다. 마을 사람들은 저수지 ( )를 걷거나 달리면서 체력을 단련한다.

   ① 중심   ② 둘레   ③ 모서리   ④ 각

3. 다음의 뜻을 가진 낱말을 찾아 쓰시오.

   > 우리 가족은 지난 일요일 한라산을 등산하였다. 등산을 하다 보니 길이 구불구불 곡선이었다. 나는 아버지께 여쭈어 보았다.
   > "직선으로 올라가면 더 빠를 것 같은데, 그런 길은 없나요?"
   > "직선 길로 올라가면 거리는 짧지만 등산하는 데 힘이 많이 들어. 좀 먼 것 같아도 곡선을 따라 오르는 게 편하단다."
   > 나는 곡선이 주는 편안함을 즐기며 천천히 산 정상에 올랐다.

   뜻 : 모나지 아니하고 부드럽게 굽은 선. ·········· ( )

어휘 겨루기

● ( )안에 알맞은 낱말을 보기에서 찾아 쓰시오. (4~7)

보기
㉠ 밀리미터 ㉡ 사각형 ㉢ 원 ㉣ 중심 ㉤ 분수

4. ( ) 으로 된 물건에는 책, 텔레비전, 액자 등이 있다.

5. 일천 분의 오 ( ) 이내의 정밀한 작업을 계속해내는 기계공들 앞에서 기가 죽었다.

6. 동생이 컵을 대고 ( )을 본떠서 꾸미기를 하였다.

7. 양궁 선수가 화살을 과녁의 ( )에 맞혔다.

● 다음 물음에 답하시오. (8~10)

8. 밑줄 그은 낱말 중에서 뜻이 <u>다르게 쓰인 하나</u>를 찾으시오. ……………………… ( )
① 종이컵에 대고 <u>본떠서</u> 원을 그려 보세요.
② 신라의 석탑 양식을 <u>본뜬</u> 탑을 구경하였다.
③ 다른 사람의 그림을 <u>본떠서</u> 그리지 마세요.
④ 젊은이들은 김정호의 삶을 <u>본뜨려고</u> 국토순례길에 올랐다.

9. 밑줄 그은 낱말 중에서 뜻이 <u>다르게 쓰인 하나</u>를 찾으시오. ……………………… ( )
① 학예회에 오신 부모님이 뜻밖에도 <u>소수</u>였다.
② <u>소수</u>의 덧셈을 잘 하려면 소수점 자리를 잘 맞춰야 해요.
③ 용돈을 모아서 이웃을 돕자는 의견이 <u>소수</u>였다.
④ 우리 사회에서 <u>소수</u>를 차지하는 사람들을 배려하는 분위기이다.

10. ( )안에 '밀리미터(mm)'와 '킬로미터(km)'를 알맞게 써 넣으시오.

• 기계 부품을 만드는 기계공들은 (㉠) 단위까지 신경을 쓰면서 정확하게 제작하려고 노력한다. 왜냐하면 부품의 크기가 조금만 어긋나도 위험하게 될 수 있기 때문이다.
• 국토순례단은 하루 종일 비를 맞으면서 60(㉡)를 걸었다. 그들은 우리 국토의 아름다움을 몸으로 체험하고 싶어서 힘든 여행을 하고 있는 중이다.

가로 세로 재미있는 말놀이

잠깐! 잠시~ 쉬었다 가도록 해요!

● 가로 열쇠와 세로 열쇠를 잘 읽고, 빈칸을 채우시오.

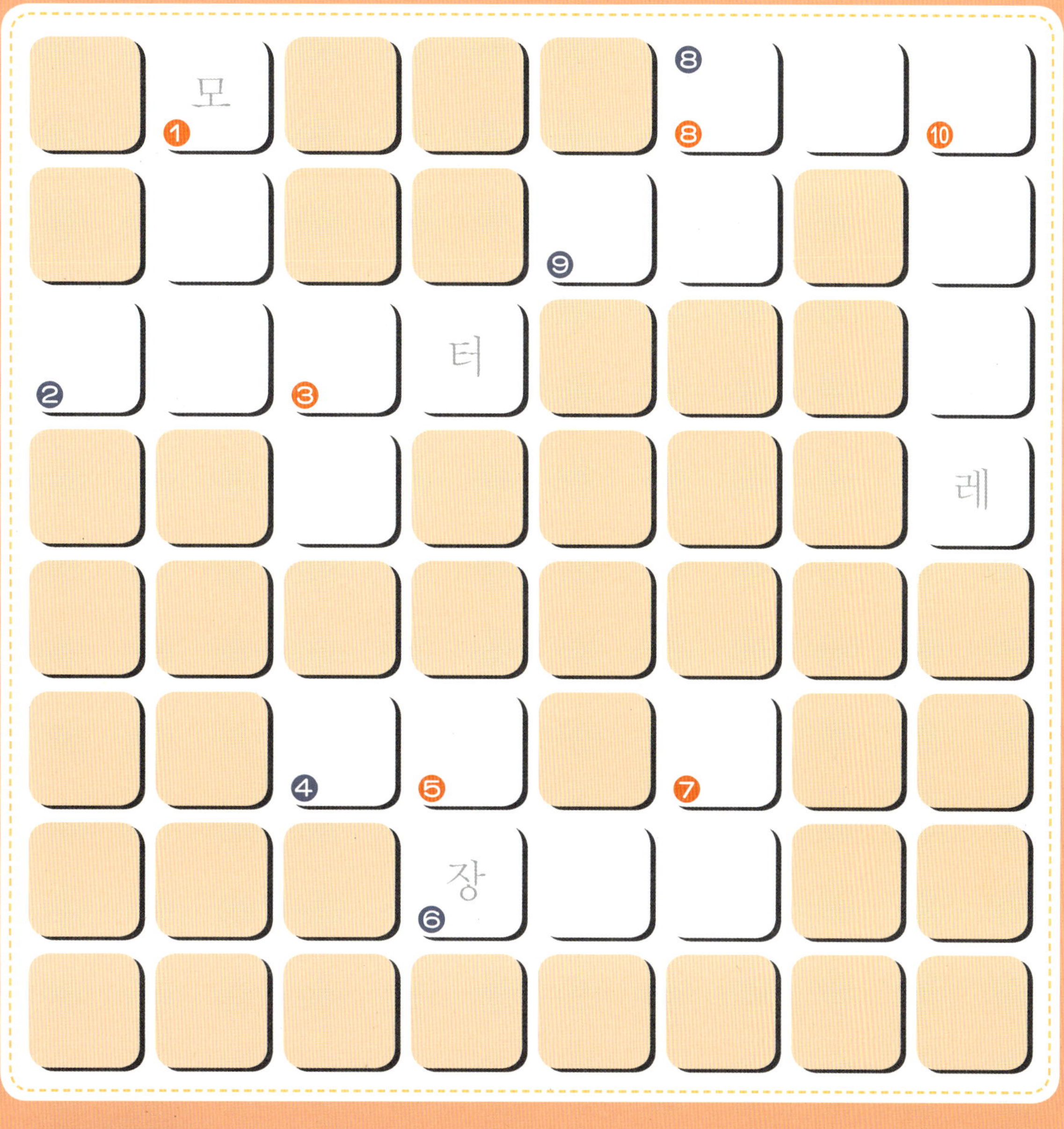

가로열쇠 ❷ 1미터의 1,000분의 1. ❹ 사물의 한가운데, 원의 ○○. ❻ 아이들, 로봇, 곰인형. ❽ 사막, 가시, 식물. ❾ 0보다 크고 1보다 작은 수, 0.8, 0.9….

세로열쇠 ❶ 물체의 모가 진 가장자리. ❸ 빙긋이 웃는 모습, ○○가 예쁜 친구. ❺ 가슴 안의 왼쪽, 피를 공급, 원뿔형의 주머니 모양. ❼ 말린 감. ❽ 이어달리기 대표 ○○, 국가 대표 ○○. ❿ 모기의 애벌레.

정답: 가로열쇠 ❷밀리미터 ❹중심 ❻장난감 ❽선인장 ❾소수 **세로열쇠** ❶모서리 ❸미소 ❺심장 ❼곶감 ❽선수 ❿장구벌레

다섯째 마당. 생활 속의 수학 57

여섯째마당 사회 공부를 위한 어휘 교실 1
세계로 뻗는 우리

아시아 대륙의 동쪽 끝 한반도에 있는 나라가 바로 대한민국이랍니다. 한반도에 있었던 최초의 국가는 고조선이었습니다. 고조선은 BC 108년까지 존재했었죠.

고조선 이후로 고구려, 백제, 신라의 삼국시대를 거쳐 통일신라, 고려, 조선으로 이어졌지요. 이 과정에서 각국은 영토를 넓히기 위해 전쟁을 하기도 하고 하나의 국가로 통일이 되기도 하였답니다.

현대 들어 35년의 일제강점기를 거쳐 제2차 세계대전 뒤 미국과 소련 군대의 한반도 분할 주둔으로 남북으로 나뉘었고 1948년 대한민국이 수립되었어요. 이후 6·25전쟁을 겪었으나 현재까지도 분단국가로 남아 있답니다.

세계 속의 대한민국으로 성장하고 있는 지금, 우리들이 무엇을 해야 할지 생각해 봅시다.

어휘 만나기

다음 핵심 낱말을 알아봅시다.

| 왕조 | 국가 | 장승 | 요인 |

| 넓히다 | 둘러싸이다 | 관련짓다 | 이용 |

| 영토 | 저항하다 | 바로잡다 | 삼다 |

| 가족 | 가능성 | 참가 | 교가 |

| 가로수 |

| 내비게이션 | 라온 | 방위 |

바른 인성을 기르는 속담

- 닭 잡아먹고 오리발 내놓기.

어휘 익히기

① 왕조
같은 왕가에 속하는 통치자의 계열. 또는 그 왕가가 다스리는 시대.
예) 사극은 왕조 시대에 있었던 사실과 작가의 상상으로 엮어진 것이다.

② 국가
일정한 영토와 거기에 사는 사람들로 구성되고, 주권에 의한 하나의 통치 조직을 가지고 있는 사회 집단.
예) 민주주의 국가를 건설하기 위해 국민들 모두 노력해야 한다.

③ 장승
돌이나 나무에 사람의 얼굴을 새겨서 마을 또는 절 어귀나 길가에 세운 푯말.
예) 마을 어귀에 우뚝 서 있는 장승이 수호신 같다고 생각했다.

④ 요인
사물이나 사건이 성립되는 까닭. 또는 조건이 되는 요소. 비) 원인
예) 그 사람의 성공 요인은 예의바르고 성실한 태도였다.

⑤ 넓히다
㉠ 면이나 바닥 따위의 면적을 크게 하다.
㉡ 마음 쓰는 것이 크고 너그럽게 하다.
㉢ 내용이나 범위 따위가 널리 미치게 하다.
예) ㉠ 영토를 넓히기 위한 전쟁이 자주 일어났다.
㉡ 성공하기 위해 실력을 쌓는 것은 물론 마음 씀씀이도 넓히도록 한다.
㉢ 견문을 넓히기 위해 방학을 이용하여 여행을 가고자 한다.

⑥ 둘러싸이다
㉠ 둥글게 에워싸이다.
㉡ 둘러서 감싸이다.
예) ㉠ 우리나라는 삼면이 바다로 둘러싸여 있어서 해산물이 풍부하다.
㉡ 포대기에 둘러싸인 아기가 지쳐 잠들었다.

⑦ 관련짓다
둘 이상의 사람, 사물, 현상 따위가 서로 관계를 맺게 하다.
예) 병원에 입원한 사람들이 세상과 관련짓는 일은 텔레비전 뿐이다.

⑧ 이용

㉠ 대상을 필요에 따라 이롭게 씀.
㉡ 다른 사람이나 대상을 자신의 이익을 채우기 위한 방편(方便)으로 씀.
예 ㉠ 폐품을 이용하여 새로운 물건을 만들어 자원을 아끼고 있다.
　　㉡ 정치가들과의 관계를 이용하여 사업을 하려다가 실패하였다.

⑨ 영토

국제법에서, 국가의 통치권이 미치는 구역. 흔히 토지로 이루어진 국가의 영역을 이르나 영해와 영공을 포함하는 경우도 있다.
예 왕은 여러 차례의 원정을 통해 영토 확장을 시도하였다.

⑩ 저항하다

어떤 힘이나 조건에 굽히지 아니하고 거역하거나 버티다.
예 독립운동가들은 대부분 일본 경찰에게 저항하다가 목숨을 잃었다.

⑪ 바로잡다

㉠ 굽거나 비뚤어진 것을 곧게 하다.
㉡ 그릇된 일을 바르게 만들거나 잘못된 것을 올바르게 고치다.
예 ㉠ 어른이 들어오셔서 앉은 자세를 바로잡았다.
　　㉡ 사람들이 잘못된 길을 걷고 있다면 바로잡아 주어야 하는 게 아닐까요?

⑫ 삼다

㉠ 어떤 대상과 인연을 맺어 자기와 관계있는 사람으로 만들다.
예 친구의 딸을 며느리로 삼다.
㉡ 무엇을 무엇이 되게 하거나 여기다.
예 우리 집은 정직을 가훈으로 삼고 있다.

여섯째 마당. 세계로 뻗는 우리 | 61

어휘 다지기

한자로 알기 쉽게 배우는 우리말

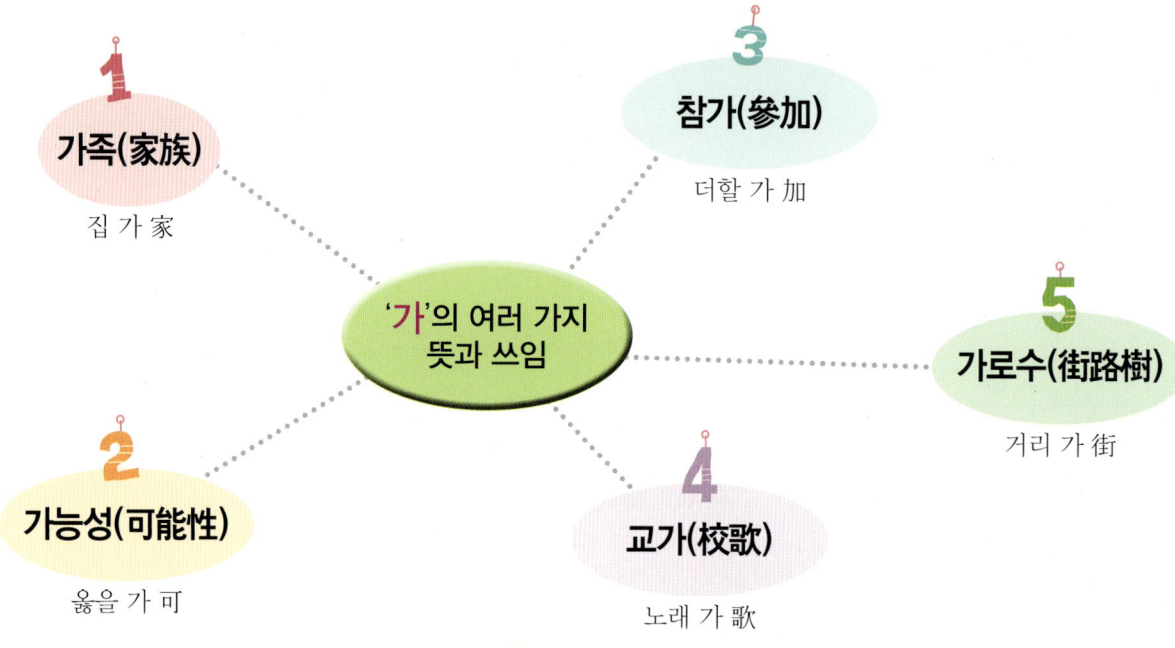

1. **가족**(집 가 家, 겨레 족 族)은 주로 부부를 중심으로 한, 친족 관계에 있는 사람들의 집단을 말합니다.
   예) 놀이 공원에서 잃어버렸던 아이가 열흘 만에 가족 품으로 돌아왔다.

2. **가능성**(옳을 가 可, 능할 능 能, 성질 성 性)은 앞으로 실현될 수 있는 성질을 말합니다.
   예) 오늘 밤에는 비가 올 가능성이 높은 편이다.

3. **참가**(참가할 참 參, 더할 가 加)는 모임이나 단체 또는 일에 관계하여 들어감을 말합니다.
   예) 올해는 합창 동아리에 참가할 예정이다.

4. **교가**(학교 교 校, 노래 가 歌)는 학교를 상징하는 노래로서, 학교의 교육 정신, 이상, 특성 따위를 담고 있습니다.
   예) 학교 동문회의 모임 때마다 교가를 불렀다.

5. **가로수**(거리 가 街, 길 로 路, 나무 수 樹)는 거리의 미관(美觀)과 국민 보건 따위를 위하여 길을 따라 줄지어 심은 나무입니다.
   예) 가로수가 늘어선 길을 달리니 속상했던 마음이 풀렸다.

 알아 두면 좋을 외래어

내비게이션
(navigation)

뜻: 지도를 보이거나 지름길을 찾아 주어 자동차 운전을 도와주는 장치나 프로그램. '길도우미', '길안내기'로 바꿔 부르도록 합니다.
예 처음 가는 길이라 내비게이션을 켜고 안내에 따라 운전을 했더니 쉽게 찾을 수 있었다.

 아름다운 순우리말

라온

뜻: '즐거운'이라는 뜻을 가지고 있다.
예 기분이 좀 울적한데 라온 영화 한 편 보는 건 어때?

 개념 쏙쏙

방위를 알아봅시다

❀ **방위란?**
① 지도에서 동서남북을 이용하여 위치를 나타내는데 이를 '방위'라고 합니다.
② 지도에서 방위는 방위표를 이용하여 나타냅니다.
③ 방위표가 없는 경우에는 지도의 위쪽이 북쪽이 되고, 아래쪽이 남쪽이 됩니다.
④ 방위를 이용하면 사람이나 건물이 향한 방향과 관계없이 위치를 나타낼 수 있습니다.

* 방위를 알려 주는 도구에는 나침반이 있습니다.

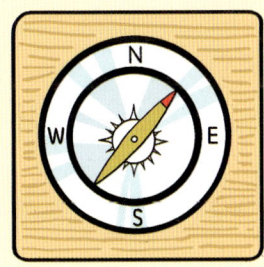

어휘 다지기

 **바른 인성을 기르는 속담**

닭 잡아먹고 오리 발 내놓기.

뜻 남의 닭을 잡아먹은 후에 오리의 발을 내민다는 것으로, 옳지 못한 일을 저질러 놓고 엉뚱한 수작으로 속여 넘기려 하는 일을 비유적으로 이르는 말입니다.

닭과 관련된 속담들

- 닭 길러 족제비 좋은 일 시킨다 : 애써 기른 닭을 족제비가 물어 갔다는 뜻으로 애써 하던 일이 남에게만 좋은 일이 되어 버림을 비유적으로 이르는 말입니다.
- 닭 소 보듯, 소 닭 보듯 : 서로 아무런 관심도 두지 않고 있는 사이임을 비유적으로 이르는 말입니다.
- 닭 쫓던 개 지붕[먼산] 쳐다보듯 : 개에게 쫓기던 닭이 지붕으로 올라가자 개가 쫓아 올라가지 못하고 지붕만 쳐다본다는 뜻으로, 애써 하던 일이 실패로 돌아가거나 남보다 뒤떨어져 어찌할 도리가 없이 됨을 비유적으로 이르는 말입니다.

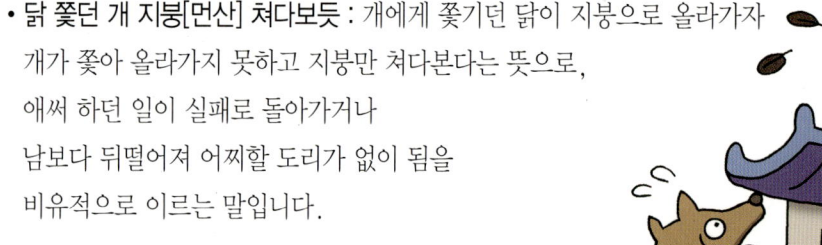

 **놀며 배우는 말의 재미**

◉ 두 글자로 된 낱말을 이용하여 말 이어가기 놀이를 하여 봅시다.

첫 글자로 이어가기

〈보기〉 영토 – 영화 – 영웅 – 영어 – 영국 – 영리 – 영광

〈문제〉 요인 – ☐ – ☐ – ☐ – ☐ – ☐

 다음 물음에 답하시오. (1~2)

1. 다음 뜻풀이에 알맞은 낱말을 찾아서 선으로 이으시오.

    ① 대상을 필요에 따라 이롭게 씀.　●　　　●　㉠ 장승

    ② 돌이나 나무에 사람의 얼굴을 새겨서 마을 또는
       절 어귀나 길가에 세운 푯말.　●　　　●　㉡ 이용

    ③ 같은 왕가에 속하는 통치자의 계열.　●　　　●　㉢ 국가

    ④ 국가의 통치권이 미치는 구역.　●　　　●　㉣ 왕조

2. 다음 문장에서 밑줄 친 낱말의 뜻을 찾으시오. ……………………………………… (　　　)

    > 흥부는 열심히 일을 하여 집과 농사지을 땅을 <u>넓히고</u>, 자식들과 함께 오순도순 살았습니다.

    ① 면이나 바닥 따위의 면적을 크게 하다.
    ② 마음 쓰는 것이 크고 너그럽게 하다.
    ③ 내용이나 범위 따위가 널리 미치게 하다.
    ④ 둘러서 감싸다.

어휘 겨루기

( )안에 알맞은 낱말을 보기에서 찾아 쓰시오. (3~6)

보기
　㉠ 영토　　㉡ 바로잡아　　㉢ 관련지어　　㉣ 넓히기　　㉤ 왕조

3. 이성계가 나라를 세운 이후 조선 (　　　)는 500년이나 이어져 내려 왔다.

4. 선생님은 친절하게 틀린 답을 (　　　) 주셨다.

5. 독도는 대한민국의 (　　　)이다.

6. 지식과 경험을 (　　　) 위해 외국에 나가 공부하는 것도 좋은 방법이다.

다음 물음에 답하시오. (7~8)

7. 밑줄 그은 낱말 중에서 뜻이 **다르게 쓰인** 하나를 찾으시오. ……………… (　　　)

　① 대중교통을 이용해보니 출근시간이 단축되었다.
　② 울창한 잣나무 숲을 관광자원으로 이용할 수 있게 되었다.
　③ 핵에너지를 평화적으로 이용하자는 국제 회의가 열렸다.
　④ 기업들은 소비자들을 이용하여 직원에게 미소를 강요하였다.

8. 밑줄 그은 낱말 중에서 뜻이 **다르게 쓰인** 하나를 찾으시오. ……………… (　　　)

　① 학교까지 가는 먼 길을 운동 삼아 걸어갔다.
　② 둘째 딸을 후계자로 삼았다.
　③ 전쟁에서 진 백성들을 노비로 삼았다.
　④ 부모를 모두 잃은 아이들을 양자로 삼았다.

다음 낱말을 넣어 문장을 만들어 쓰시오. (9~10)

9. 저항하다 : _____

10. 둘러싸이다 : _____

가로 세로 재미있는 말놀이

잠깐! 잠시~ 쉬었다 가도록 해요!

● 가로 열쇠와 세로 열쇠를 잘 읽고, 빈칸을 채우시오.

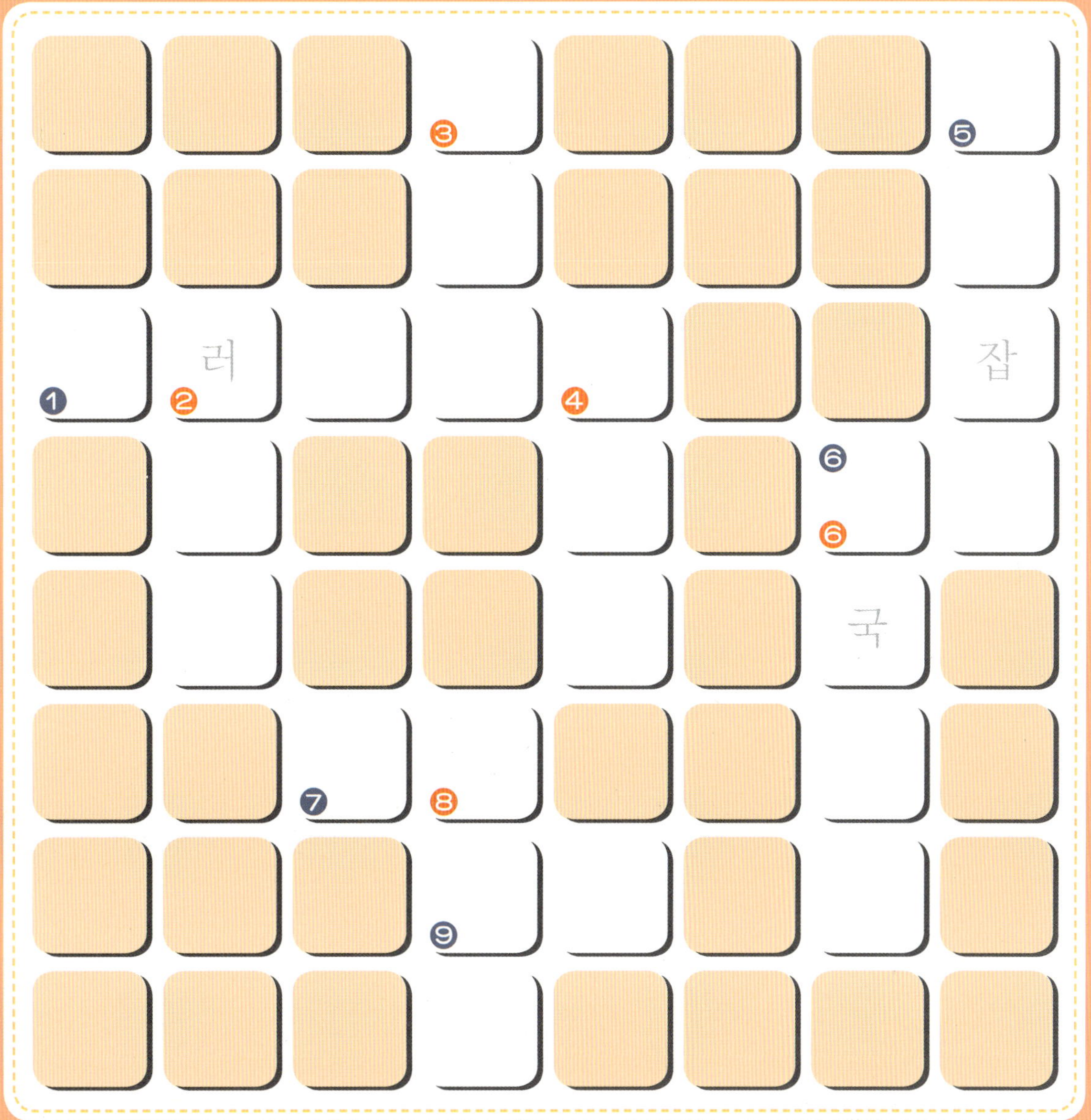

가로열쇠 ❶ 둥글게 에워싸이다. ❻ 무엇을 무엇이 되게 하거나 여기다. '최선을 다하자'를 좌우명으로 ○○. ❼ 영해와 영공, 국토. ❾ 사물이나 사건이 성립되는 까닭, 원인, 이유.

세로열쇠 ❷ 시베리아, 수도는 모스크바. ❸ 메뚜기, 거미, 지네의 안테나, 먹이를 찾음. ❹ 다락처럼 만들어진 방. ❺ 굽거나 비뚤어진 것을 곧게 하다. 앉은 자세를 ○○○○. ❻ 고구려, 백제, 신라, ○○시대. ❽ 일요일 전날.

정답: 가로열쇠 ①둘러싸이다 ⑥삼다 ⑦영토 ⑨요인 **세로열쇠** ②러시아 ③더듬이 ④다락방 ⑤바로잡다 ⑥삼국시대 ⑧토요일

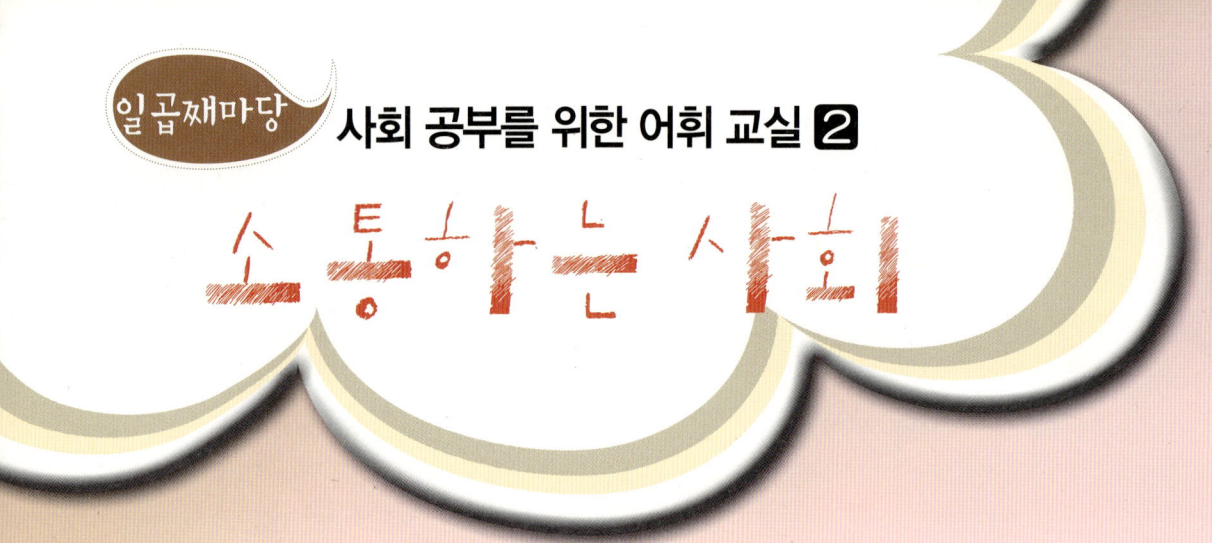

일곱째마당 사회 공부를 위한 어휘 교실 2
소통하는 사회

여러분은 휴대전화로 통화하는 것 외에 무엇을 하나요?
메시지, 게임, 채팅, 인터넷 검색, 길 찾기, 인터넷 쇼핑 등 휴대전화 하나로 참 많은 일들을 할 수 있지요.
휴대전화가 과거에는 목소리와 문자 메시지만을 주고받을 수 있었지만 지금은 화상 통화와 인터넷을 통해 멀리 떨어져 있는 사람들과 회의를 하고 자료를 주고받을 수 있지요.

하지만 많은 문제점도 있어요.
공공장소에서의 휴대전화 사용은 다른 사람들에게 불쾌감을 줄 수 있고, 인터넷을 통해 개인 정보가 유출되기도 하며, 게임 중독이 될 수도 있답니다.

또, 휴대전화 사용이 오히려 사람들 간의 의사 소통에 문제가 생길 수 있어요.
전화로 소식이나 정보를 주고받다보면 직접 만나는 일이 줄어들고 표정, 몸짓 등과 함께 전달할 때만큼 정확하게 전달하기 힘들어지죠.

빠르고 편리한 휴대전화 사용과 더불어 때론 직접 만나서 소식을 주고받으며 생활하도록 노력해 봐요.

어휘 만나기

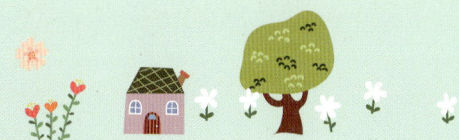

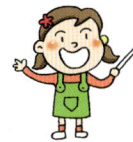

다음 핵심 낱말을 알아봅시다.

왜군	고향	지역	위치
자연환경	자원	가깝다	기울이다
드러나다	이어받다	산성	옮기다

성공	성격	북극성	성묘
미성			

파우치	암팡지다	의사소통 수단

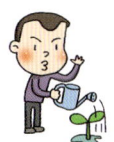

바른 인성을 기르는 속담

- 우물 안 개구리.

어휘 익히기

① 왜군
일본의 군대를 낮잡아 이르는 말.
㉠ 임진왜란이 일어나자 이순신 장군은 용감하게 왜군을 무찔렀다.

② 고향
자기가 태어나서 자란 곳 또는 조상 대대로 살아온 곳.
㉠ 이번 설날에도 고향을 찾아가는 사람들로 고속도로는 몹시 막혔다.

③ 지역
일정하게 구획된 어느 범위의 토지.
㉠ 한반도 지역의 평화를 위해 여러 나라가 관심을 기울이고 있다.

④ 위치
㉠ 일정한 곳에 자리를 차지함. 또는 그 자리.
㉡ 사회적으로 담당하고 있는 지위나 역할.
㉠ ㉠ 산속에서 위치를 찾기 위해 나침반을 사용하였다.
㉡ 여성의 사회적인 위치가 점점 높아지고 있다.

⑤ 자연환경
인간 생활을 둘러싸고 있는 자연계의 모든 요소가 이루는 환경.
㉠ 개발로 자연환경을 훼손하게 되면 결과적으로 인류에게 좋은 것만은 아니다.

⑥ 자원
인간 생활 및 경제 생산에 이용되는 원료로서의 광물, 산림, 수산물 및 노동력이나 기술 따위를 통틀어 이르는 말.
㉠ 우리 나라는 천연 자원이 부족하여 기술 개발에 힘썼다.

⑦ 가깝다
㉠ 어느 한 곳에서 다른 곳까지의 거리가 짧다.
㉡ 서로의 사이가 다정하고 친하다.
㉢ 어떤 수치에 근접하다.
㉣ 성질이나 특성이 기준이 되는 것과 비슷하다.
㉠ ㉠ 우리 집은 학교에서 가까워 걸어서 간다.
㉡ 이웃들과 형제처럼 가깝게 지낸다.
㉢ 그 영화를 관람한 관객수가 천만 명에 가까워졌다.
㉣ 실제 풍경에 가깝게 그림을 그렸다.

⑧ 기울이다
㉠ 비스듬하게 한쪽이 낮아지거나 비뚤어지게 하다.
㉡ 정성이나 노력 따위를 한곳으로 모으다.
예 ㉠ 책상이 기울어져 그림물감이 쏟아졌다.
　㉡ 부모님은 자식들에게 정성을 기울여 기르신다.

⑨ 드러나다
㉠ 가려 있거나 보이지 않던 것이 보이게 되다.
㉡ 알려지지 않은 사실이 널리 밝혀지다.
예 ㉠ 구름이 걷히자 붉게 물든 산봉우리가 드러났다.
　㉡ 경찰은 누구든 혐의가 드러날 경우 엄중 처벌하겠다고 밝혔다.

⑩ 이어받다
이미 이루어진 일의 결과나, 해 오던 일 또는 그 정신 따위를 전하여 받다.
예 3대째 가업을 이어받아 우동 가게를 하고 있다.

⑪ 산성
산 위에 쌓은 성.
예 적군을 산성 쪽으로 유인하여 무찔렀다.

⑫ 옮기다
㉠ 어떤 곳에서 다른 곳으로 움직여 자리를 바꾸다.
예 환자를 병원으로 옮기다.

㉡ 발걸음을 한 걸음 한 걸음 떼어 놓다.
예 공원쪽으로 발걸음을 옮기다.

㉢ 관심이나 시선 따위를 하나의 대상에서 다른 대상으로 넘기다.
예 신문을 넘기다 사회면으로 눈길을 옮기다.

㉣ 한 나라의 말이나 글을 다른 나라의 말이나 글로 바꾸다.
예 그는 외국 소설을 우리글로 옮기고 있다.

어휘 다지기

한자로 알기 쉽게 배우는 우리말

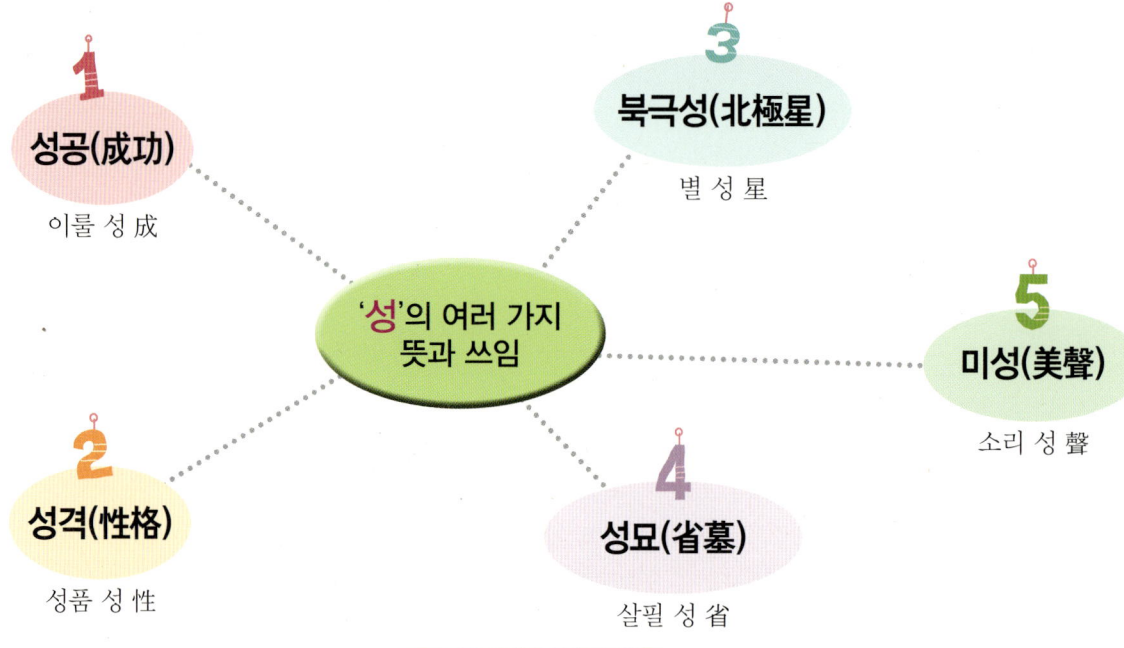

1. **성공**(이룰 성 成, 공 공 功)은 목적하는 바를 이룸을 말합니다.
   예) 실패는 성공의 어머니이다

2. **성격**(성품 성 性, 격식 격 格)은 개인이 가지고 있는 고유의 성질이나 품성, 어떤 사물이나 현상의 본질이나 본성을 말합니다.
   예) 그의 낙천적인 성격은 주변 사람들을 즐겁게 한다.

3. **북극성**(북녘 북 北, 다할 극 極, 별 성 星)은 작은곰자리에서 가장 밝은 별을 말합니다.
   예) 깜깜한 밤에 북극성을 보고 길을 찾을 수 있었다.

4. **성묘**(살필 성 省, 무덤 묘 墓)는 조상의 산소를 찾아가서 돌봄을 말합니다.
   예) 우리 가족은 한식을 맞아 성묘를 갔다.

5. **미성**(아름다울 미 美, 소리 성 聲)은 아름다운 목소리를 말합니다.
   예) 미성이 들려오는 곳을 찾아 발걸음을 옮겼다.

 ### 알아 두면 좋을 외래어

파우치 (pouch)
- 뜻: (보통 가죽으로 만든) 주머니. 간단한 화장품 따위를 넣어 다니는 작은 가방.
- 예: 지난 번 여행 갔을 때 잃어버린 줄 알았던 파우치가 책상 서랍에 있었다.

 ### 아름다운 순우리말

암팡지다
- 뜻: '몸은 작아도 힘차고 다부지다'라는 말입니다.
  *'앙팡져서'로 쓰는 경우도 있는데 잘못된 표현입니다.
- 예: 그는 키는 작아도 몸은 암팡져서 골목대장 노릇을 한다.

 ### 개념 쏙쏙

 의사소통 수단에 대해서 알아봅시다.

의사소통 수단이란?
가지고 있는 생각이나 뜻이 서로 통하게 도와주는 도구나 방법을 말합니다.

❋ 의사소통 수단은 과학의 발달로 빠르고 다양하게 발전하고 있습니다.

옛날		오늘날	
의사소통 수단	생활 속에서 이용된 사례	의사소통 수단	생활 속에서 이용된 사례
파발, 봉수	급한 소식을 전할 때	편지, 전자 우편, 유선 전화, 휴대 전화	급한 소식을 전하거나 안부를 전할 때
편지(서신, 서찰)	안부를 전할 때	팩시밀리, 인터넷, 휴대 전화	정보를 주고받을 때
전신	정보를 주고받을 때		

일곱째 마당. 소통하는 사회 | 73

어휘 다지기

바른 인성을 기르는 속담

우물 안 개구리.

뜻 넓은 세상의 형편을 알지 못하는 사람을 비유적으로 이르면서 견식이 좁아 저만 잘난 줄로 아는 사람을 비꼬는 말입니다.

우물과 관련된 속담들

- 우물에 가 숭늉 찾는다 : 모든 일에는 질서와 차례가 있는 법인데 일의 순서도 모르고 성급하게 덤빔을 비유적으로 이르는 말입니다.
- 우물 옆에서 목말라 죽는다. : 사람이 무슨 일에나 도무지 융통성이 없고 처신할 줄 모름을 비유적으로 이르는 말입니다.
- 우물을 파도 한 우물을 파라. : 일을 너무 벌여 놓거나 하던 일을 자주 바꾸어 하면 아무런 성과가 없으니 어떠한 일이든 한 가지 일을 끝까지 하여야 성공한다는 말입니다.

놀며 배우는 말의 재미

◉ 두 글자로 된 낱말을 이용하여 말 이어가기 놀이를 하여 봅시다.

마지막 글자로 이어가기

〈보기〉 지역 – 번역 – 무역 – 용역 – 고역 – 배역 – 단역

〈문제〉 지원 – ☐ – ☐ – ☐ – ☐ – ☐ – ☐

 다음 물음에 답하시오. (1~3)

1. 다음 뜻풀이에 알맞은 낱말을 찾아서 선으로 이으시오.

   ① 산 위에 쌓은 성.　　　　　　　　　　　　　●　　　　　● ㉠ 고향

   ② 인간 생활 및 경제 생산에 이용되는 원료로서의
      광물, 산림, 수산물 따위.　　　　　　　　　●　　　　　● ㉡ 자연환경

   ③ 인간 생활을 둘러싸고 있는 자연계의 모든 요소
      가 이루는 환경.　　　　　　　　　　　　　●　　　　　● ㉢ 자원

   ④ 자기가 태어나서 자란 곳.　　　　　　　　　●　　　　　● ㉣ 산성

2. (　)안에 공통으로 들어갈 낱말을 고르시오. ··· (　　)

   > 집에서 (　　) 거리에 학교가 있어서 걸어 다닌다. 매일 아침, (　　) 친구와 함께 걸으면 기분이 좋다.

   ① 친한　　② 아주 먼　　③ 오랫동안　　④ 가까운

3. 다음의 뜻을 가진 낱말을 찾아 쓰시오.

   > 우리 아버지 고향 마을의 위치는 도로에서 많이 떨어진 곳에 있다. 명절에 아버지 고향을 가려면 기차역에 내려서 버스로 갈아 탄 후 다시 1시간을 걸어서 들어가야 한다. 걸어가는 게 힘들어서 투정도 부렸지만 가족들과 함께 얘기하는 시간이 더없이 행복했다.

   뜻 : 일정한 곳에 자리를 차지함. 또는 그 자리. ··· (　　　　)

어휘 겨루기

 ( )안에 알맞은 낱말을 보기에서 찾아 쓰시오. (4~7)

보기
㉠ 기울이는   ㉡ 옮기다   ㉢ 지역   ㉣ 왜군   ㉤ 이어받아서

4. 강강술래는 임진왜란 때 이순신 장군이 (   )을 속이기 위한 전술에서 비롯되었다고 한다.

5. 마을 골목에 자리하고 있는 분식집은 가업을 (   ) 50년째 하고 있는 것이다.

6. 중동 (   )의 평화를 위해 세계 여러 나라 군인들이 파견되었다.

7. 술잔을 (   ) 아버지의 모습이 지쳐 보였다.

■ 다음 물음에 답하시오. (8~9)

8. 밑줄 그은 낱말 중에서 뜻이 <u>다르게 쓰인</u> 하나를 찾으시오. ……………… (   )

   ① 해가 떠오르자 안개가 걷히며 마을의 모습이 분명하게 <u>드러났다</u>.
   ② 뿌연 먼지가 가라앉으며 말 탄 병사들의 모습이 <u>드러났다</u>.
   ③ 교실에서 필통이 없어진 까닭이 <u>드러났다</u>.
   ④ 방청소를 하고 나니 깨끗한 바닥이 <u>드러났다</u>.

9. 다음 문장에서 밑줄 그은 낱말의 뜻을 찾으시오. …………………………… (   )

   > 노을이 지고 있는 바닷가에 한 남자가 꼼짝 않고 서 있었다. 마치 장승이 서 있는 것처럼 보였다. 저녁 바람에 파도가 밀려왔다 밀려가곤 할 뿐이었다. 해가 완전히 바다 속으로 가라앉자 남자는 천천히 방파제 쪽으로 <u>옮기기</u> 시작했다.

   ① 어떤 곳에서 다른 곳으로 움직여 자리를 바꾸다.
   ② 발걸음을 한 걸음 한 걸음 떼어 놓다.
   ③ 관심이나 시선 따위를 하나의 대상에서 다른 대상으로 돌리다.
   ④ 한 나라의 말이나 글을 다른 나라의 말이나 글로 바꾸다.

■ 다음 낱말을 넣어 문장을 만들어 쓰시오. (10)

10. 지역: _____

가로 세로 재미있는 말놀이

잠깐! 잠시~ 쉬었다 가도록 해요!

● 가로 열쇠와 세로 열쇠를 잘 읽고, 빈칸을 채우시오.

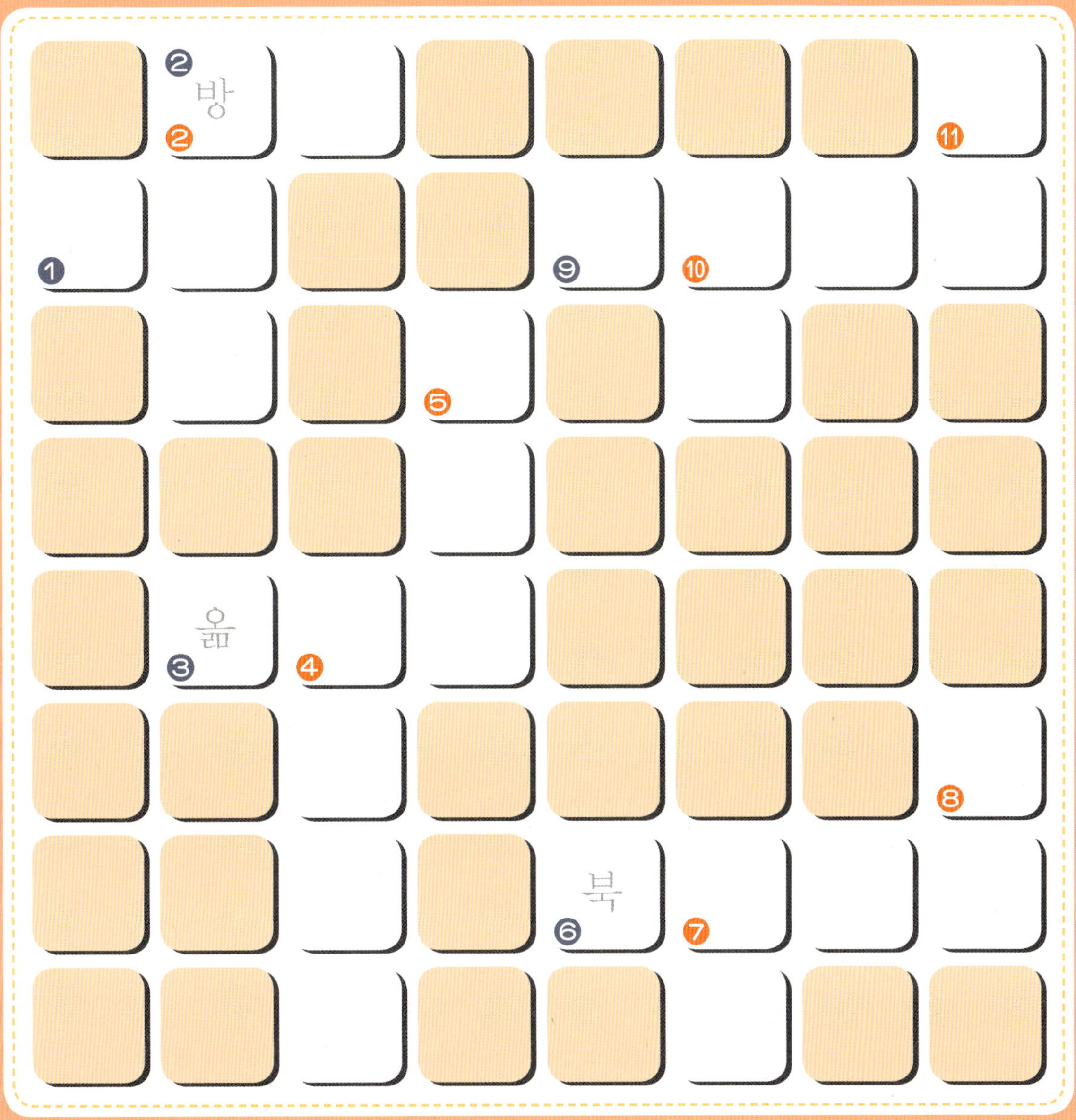

가로열쇠 ❶ 조상 대대로 살아온 곳. ❷ 동서남북, 나침반. ❸ 발걸음을 한 걸음 한 걸음 떼어 놓다. ❻ 일곱 개의 별. ❾ 산, 강, 바다 등, ○○환경.

세로열쇠 ❷ 좋은 향을 가지고 있는 약제, 화장실이나 자동차 안. ❹ 컵을 ○○○○, 정성을 ○○○○. ❺ 멀지 않다. ❼ 콩으로 만들어요, ○○찌개, ○○부침. ❽ 산에 지어놓은 성. ❿ 석탄, 휘발유, 도시가스 등. ⓫ 시력 검사, 유리.

정답: 가로열쇠 ①고향 ②방위 ③옮기다 ⑥북두칠성 ⑨자연환경 세로열쇠 ②방향제 ④기울이다 ⑤가깝다 ⑦두부 ⑧산성 ⑩연료 ⑪안경

일곱째 마당. 소통하는 사회

여덟째마당 사회 공부를 위한 어휘 교실 ❸
서로 다른 문화

세계 여러 나라 사람들이 살아가는 모습은 매우 다양하지요.
어떤 나라는 우리와 비슷하기도 하고 다르기도 해요.
그 나라 사람들은 함께 생활하면서 만들어지고 전해지는 생활 방식을 가지게 되며
비슷한 생각을 해도 문화에 따라 그것을 표현하는 방식이 다르게 나타나지요.

나라마다 다른 문화를 가지고 있는데 어떤 문화가 좋다는 생각에서 벗어나 다양한
문화의 차이를 인정하고 존중하는 태도를 지녀야겠어요.
그러기 위해 어떻게 해야 할까요?
우선 다른 문화에 대해 관심을 가지는 거애요.
그 다음, 다른 문화에 대해 공부도 하고 여행을 다니면서 체험하는 게 좋겠죠?

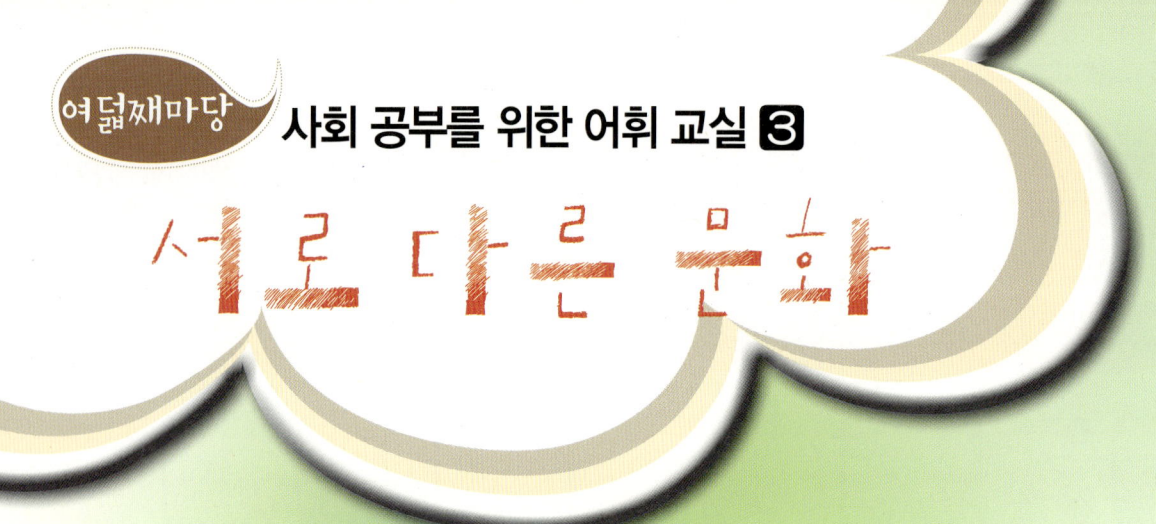

어휘 만나기

다음 핵심 낱말을 알아봅시다.

촌락	구역	다지다	항구
여가	백지도	농경	뚫다
다투다	연구	텃세	따르다

| 구사일생 | 구제역 | 탐구 | 구조법 |
| 구릉 | | | |

| 셀카 | 터울 | 문화 | |

바른 인성을 기르는 속담

• 고래 싸움에 새우 등 터진다.

어휘 익히기

① 촌락
시골의 작은 마을.
예) 옛날에는 강을 중심으로 촌락이 형성되었다.

② 구역
갈라놓은 지역.
예) 숲을 보호하기 위해 정해 놓은 출입 금지 구역에 들어 가지 마라.

③ 다지다
㉠ 누르거나 밟거나 쳐서 단단하게 하다.
㉡ 마음이나 뜻을 굳게 가다듬다.
㉢ 고기, 채소 양념감 따위를 여러 번 칼질하여 잘게 만들다.
예) ㉠ 집을 지으려고 터를 다졌다.
　　㉡ 새해 아침 새로운 각오를 다졌다.
　　㉢ 마늘을 다져서 넣어 나물을 무치다.

④ 항구
배가 안전하게 드나들도록 바닷가에 부두 따위를 설비한 곳.
예) 수출품을 가득 실은 배가 유럽을 향해 항구를 떠났다.

⑤ 여가
일이 없어 남는 시간.
예) 우리에게 주어진 여가와 휴식을 가급적 창조적으로 쓰는 노력을 해야겠다.

⑥ 백지도
각종 정보를 기입하기 위한 작업용 기본도.
예) 인구 분포를 백지도 위에 표시하여라.

⑦ 농경
논밭을 갈아 농사를 지음.
예) 신석기 시대에 농경생활이 시작되었다.

⑧ 뚫다
㉠ 구멍을 내다.
㉡ 막힌 것을 통하게 하다.
㉢ 시련이나 난관 따위의 어려움을 극복하다.
예) ㉠ 송곳으로 판자에 구멍을 뚫다.
　　㉡ 산을 뚫어 터널을 만들었다.
　　㉢ 치열한 경쟁을 뚫고 대학에 입학하였다.

⑨ 다투다

㉠ 의견이나 이해의 대립으로 서로 따지며 싸우다.
㉡ 승부나 우열을 겨루다.
예) ㉠ 아이들이 서로 장난감을 가지겠다고 다툰다.
㉡ 선두를 다투던 한국 선수들이 1, 2위를 하였다.

⑩ 연구

어떤 일이나 사물에 대하여서 깊이 있게 조사하고 생각하여 진리를 따져 보는 일.
예) 흡연과 폐암 발병에 대한 연구가 활발하였다.

⑪ 텃세

먼저 자리를 잡은 사람이 뒤에 들어오는 사람에 대하여 가지는 특권 의식.
예) 노점상들 간에 텃세가 심하여 아무데서나 장사를 할 수 없다.

⑫ 따르다

㉠ 다른 사람이나 동물의 뒤에서, 그가 가는 대로 같이 가다.
예) 어머니를 따라 시장 구경을 갔다.

㉡ 앞선 것을 좇아 같은 수준에 이르다.
예) 어머니의 음식 솜씨를 따를 수 없다.

㉢ 좋아하거나 존경하여 가까이 좇다.
예) 선생님을 따르는 제자들이 많다.

㉣ 관례, 유행이나 명령, 의견 따위를 그대로 실행하다.
예) 국가의 명령을 따르겠습니다.

어휘 다지기

한자로 알기 쉽게 배우는 우리말

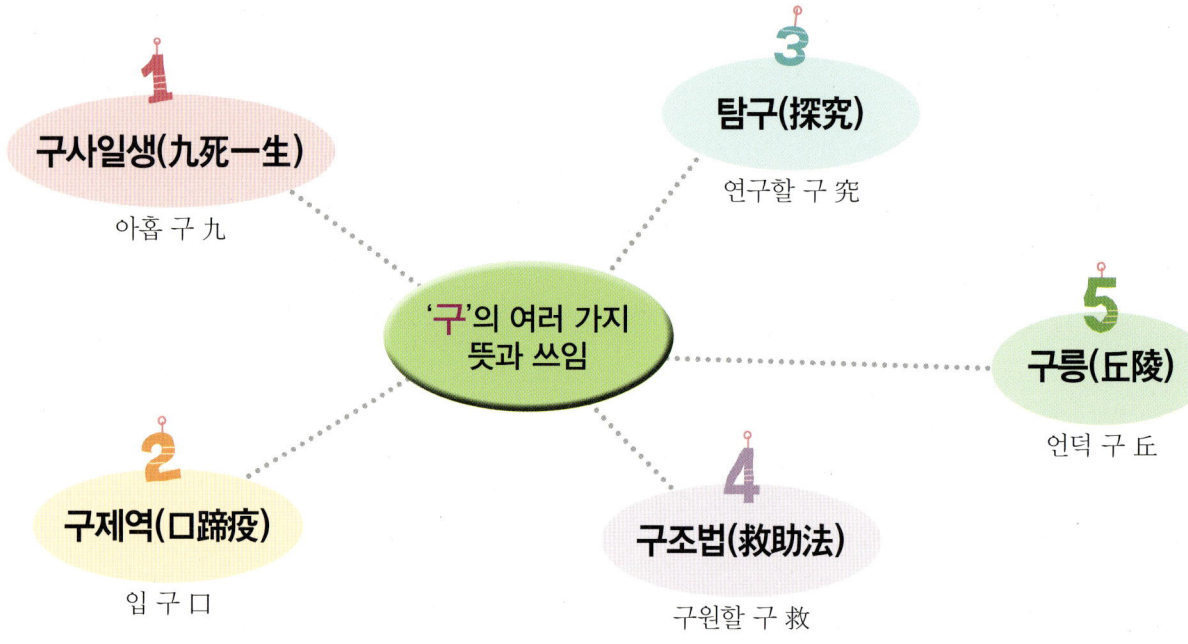

1. **구사일생**(아홉 구 九, 죽을 사 死, 하나 일 一, 날 생 生)은 아홉 번 죽을 뻔하다 한 번 살아난다는 뜻으로, 죽을 고비를 여러 차례 넘기고 겨우 살아남을 이르는 말입니다.
   예) 그는 징용에 끌려갔다가 구사일생으로 살아 돌아왔다.

2. **구제역**(입 구 口, 굽 제 蹄, 염병 역 疫)은 발굽이 2개인 소·돼지 등의 입·발굽 주변에 물집이 생긴 뒤 치사율이 5~55%에 달하는 가축의 제1종 바이러스성 법정 전염병을 말합니다.
   예) 이웃 마을 돼지들이 구제역에 걸려 강제로 죽임을 당했다.

3. **탐구**(찾을 탐 探, 연구할 구 究)는 진리, 학문 따위를 파고들어 깊이 연구함을 말합니다.
   예) 우주가 생겨 난 원인을 탐구하는 과학자들에 의해 우주의 신비가 벗겨지고 있다.

4. **구조법**(구원할 구 救, 도울 조 助, 법 법 法)은 물에 빠지거나 불이 나거나 하여 목숨이 위험하게 된 사람을 구조하는 방법.
   예) 물에 빠진 사람을 구조하려면 구조법을 잘 익혀두어야 한다.

5. **구릉**(언덕 구 丘, 언덕 릉 陵)은 땅이 비탈지고 조금 높은 언덕을 말합니다.
   예) 구릉 위에 있는 높은 성은 안개에 싸여 잘 보이지 않았다.

알아 두면 좋을 외래어

셀카 (Self-Camera)
- **뜻**: '셀프카메라(self camera)'를 줄여 이르는 말입니다. 디지털 사진기나 카메라가 대중적으로 널리 보급되면서 만들어져 새로 쓰이기 시작한 말로 사전에 올라 있지 않은 말입니다. 국어원에서는 이 말을 순화 대상으로 보아 '자가 촬영'으로 순화한 바 있습니다. 따라서 '셀카 하다'나 '셀카 찍다' 등은 '자가 촬영을 하다'와 같이 쓰는 것이 바람직합니다.
- **예**: 멋진 노을을 배경으로 셀카하였다.(자가촬영하였다.)

아름다운 순우리말

터울
- **뜻**: 한 어머니의 먼저 낳은 아이와 다음에 낳은 아이와의 나이 차이.
- **예**: 나는 형과 두 살 터울이다.

개념 쏙쏙

 문화에 대해서 알아봅시다.

❀ **문화란?**
① 우리가 살아가는 모습이다.
② 사람들이 함께 생활하면서 만들어지고 전해지는 생활 방식이다.

❀ **우리나라의 추석과 베트남의 중추절 비교하기**
1. 공통점 : 명절의 시기가 음력 8월 15일이다.
2. 차이점 : ① 추석 – 조상에게 제사를 지내고 송편을 먹으며 강강술래와 같은 놀이를 한다.
② 중추절 – 종이로 별이나 물고기 모양의 등을 만들어 거리를 행진하고, 사자춤 등 다양한 민속춤을 춘다.

❀ **우리나라와 중국, 일본의 젓가락 비교하기**
1. 우리나라 : 국을 먹기 편리한 숟가락과 반찬을 집기 편리한 젓가락을 같이 사용한다.
2. 중국 : 큰 식탁에 둘러앉아 음식을 한가운데 놓고 덜어 먹기 때문에 긴 젓가락을 사용한다.
3. 일본 : 생선을 많이 먹기 때문에 생선 가시를 발라내기 편리한 짧고 뾰족한 젓가락을 사용한다.

어휘 다지기

 **바른 인성을 기르는 속담**

고래 싸움에 새우 등 터진다.

뜻 강한 자들끼리 싸우는 통에 아무 상관도 없는 약한 자가 중간에 끼어 피해를 입게 됨을 비유적으로 이르는 말입니다.

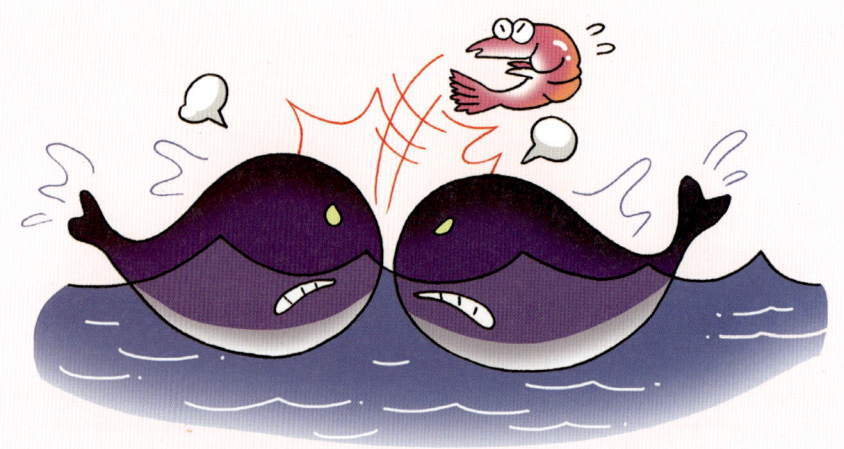

 **놀며 배우는 말의 재미**

◉ 세 글자로 된 낱말을 이용하여 말 이어가기 놀이를 하여 봅시다.

가운데 글자로 이어가기

〈보기〉 구제역 – 국제법 – 경제학 – 사제품 – 수제비 – 유제품 – 약제사

〈문제〉 백**지**도 – ＿＿ – ＿＿ – ＿＿ – ＿＿ – ＿＿ – ＿＿

다음 물음에 답하시오. (1~3)

1. 다음 뜻풀이에 알맞은 낱말을 찾아서 선으로 이으시오.

   ① 시골의 작은 마을.　　　　　　　　　　　●　　　　　　●　㉠ 텃세

   ② 배가 안전하게 드나들도록 바닷가에 부두 따위
   　 를 설비한 곳.　　　　　　　　　　　　●　　　　　　●　㉡ 촌락

   ③ 먼저 자리를 잡은 사람이 뒤에 들어오는 사람에
   　 대하여 가지는 특권 의식.　　　　　　●　　　　　　●　㉢ 항구

   ④ 한 어머니의 먼저 낳은 아이와 다음에 낳은 아
   　 이와의 나이 차이.　　　　　　　　　　●　　　　　　●　㉣ 터울

2. ( )안에 공통으로 들어갈 낱말을 고르시오. ·········· (　　)

   > 마을과 마을을 연결하기 위해 산을 (　　) 터널을 만들고 있다. 어렵고 위험한 과정을 (　　) 터널이 완성되자 양쪽 마을 사람들은 매우 기뻐하였다.

   ① 뚫고　　② 올라가　　③ 돌아서　　④ 피해

3. 다음의 뜻을 가진 낱말을 찾아 쓰시오.

   > 준영 : 넌 일요일에 뭐 할 거니?
   > 민지 : 응, 사회 조사학습 하려고 도서관에 갈 거야.
   > 준영 : 사회 숙제 다 한 다음 여가에는 뭐 할 건데?
   > 민지 : 도서관에서 빌려온 동화책을 읽을 거야. 그럼 넌 뭐 할 건데.
   > 준영 : 친구들과 함께 야구 하려고.

   뜻 : 일이 없어 남는 시간. ·········· (　　)

어휘 겨루기

 ( )안에 알맞은 낱말을 보기에서 찾아 쓰시오. (4~7)

보기

㉠ 다투다가   ㉡ 농경   ㉢ 백지도   ㉣ 다졌다   ㉤ 연구

4. 3학년이 되어서 열심히 독서하기로 마음을 ( ).

5. 동생과 텔레비전 프로그램을 놓고 ( ) 야단을 맞았다.

6. ( )생활을 하기 위해서는 물이 필요하므로 주로 강이 있는 곳에서 이루어졌다.

7. 많은 과학자들이 날씨에 대해 ( )하였다.

다음 물음에 답하시오. (8~9)

8. 밑줄 그은 낱말 중에서 뜻이 <u>다르게 쓰인</u> 하나를 찾으시오. ·············· ( )

　① 친구들과 노는 것과 숙제 중에서 어느 것을 먼저 하는 것이 좋은지 <u>다투었다</u>.
　② 이어달리기 경기에서 선두를 <u>다투던</u> 선수들이 넘어져서 3등을 달리던 선수가 1위를 하였다.
　③ 파란색 바지를 사고 싶었는데 어머니와 <u>다투다가</u> 그냥 돌아왔다.
　④ 내 휴대폰을 망가뜨린 누나와 <u>다투다가</u> 혼나서 억울하였다.

9. 다음 문장에서 밑줄 그은 낱말의 뜻을 찾으시오. ·············· ( )

> 우리나라 인구에 대해서 조사한 결과를 <u>백지도</u> 위에 나타내어 봅시다.

　① 각종 정보를 기입하기 위한 작업용 기본도.
　② 일정한 목적 때문에 특별히 지정된 지역.
　③ 산봉우리가 길게 이어진 지역.
　④ 아무 것도 적지 않은 빈 종이.

 다음 낱말을 넣어 문장을 만들어 쓰시오. (10)

10. 구역: _____

가로 세로 재미있는 말놀이

잠깐! 잠시~ 쉬었다 가도록 해요!

● 가로 열쇠와 세로 열쇠를 잘 읽고, 빈칸을 채우시오.

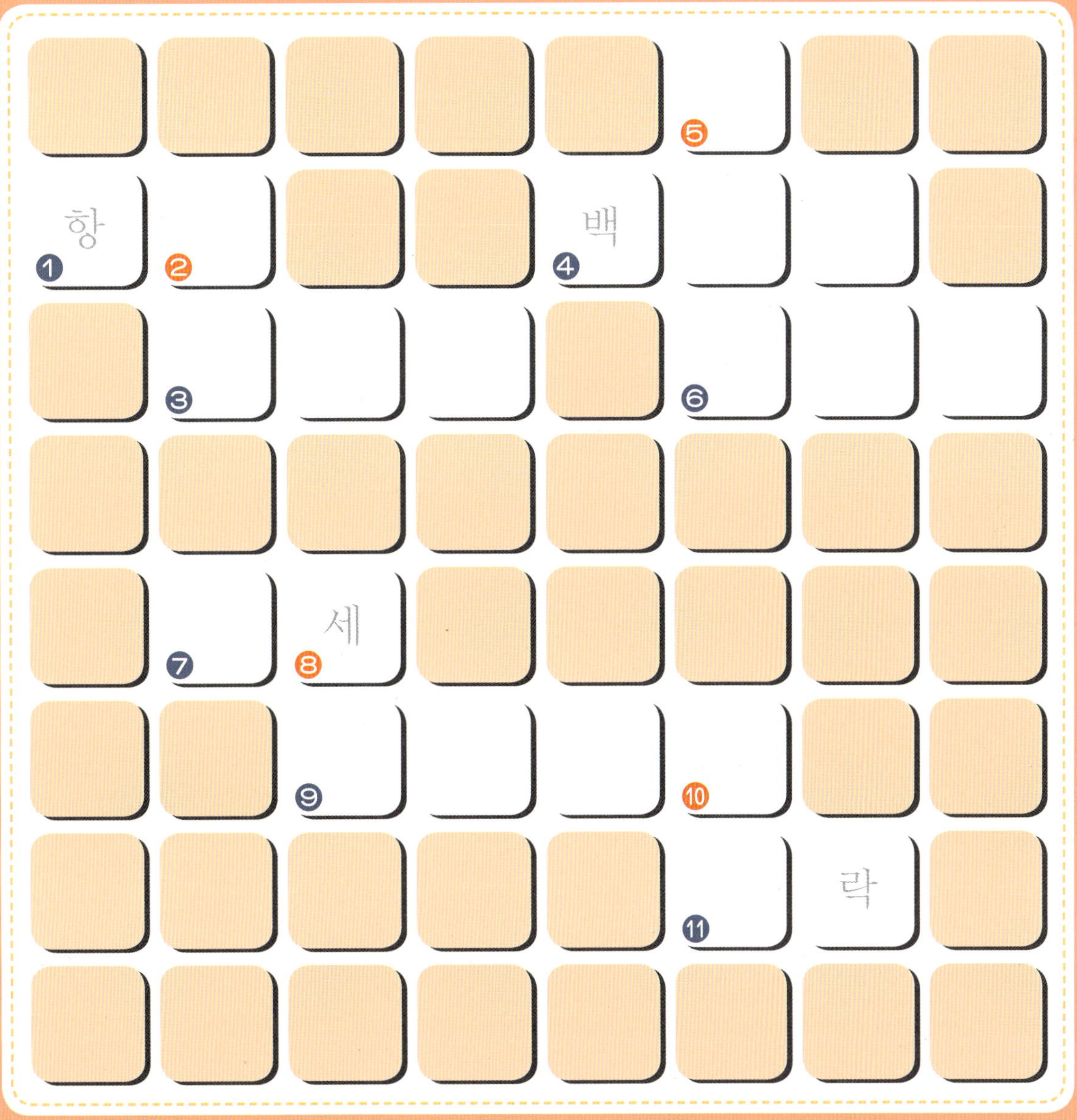

가로열쇠 ❶ 바닷가, 부두. ❸ 지다가 이김. ❹ 각종 정보를 기입하기 위한 작업용 기본 지도. ❻ 승부나 우열을 겨루다. 선두를 ○○○. ❼ 특권 의식, ○○가 심해서 장사하기 힘들어. ❾ 비단에 수를 놓은 것처럼 아름다운 산천, 우리나라. ⓫ 시골의 작은 마을.

세로열쇠 ❷ 갈라놓은 지역, 출입금지○○. ❺ 고기, 채소 양념감 따위를 여러 번 칼질하여 잘게 만들다. 마늘을 ○○○. ❽ 이것으로 도로 만들기, 무상급식하기를 하죠. ❿ 산속에 있는 마을, 버섯, 약초 캐기.

정답: **가로열쇠** ①항구 ③역전승 ④백지도 ⑥다투다 ⑦텃세 ⑨금수강산 ⑪촌락 **세로열쇠** ②구역 ⑤다지다 ⑧세금 ⑩산촌

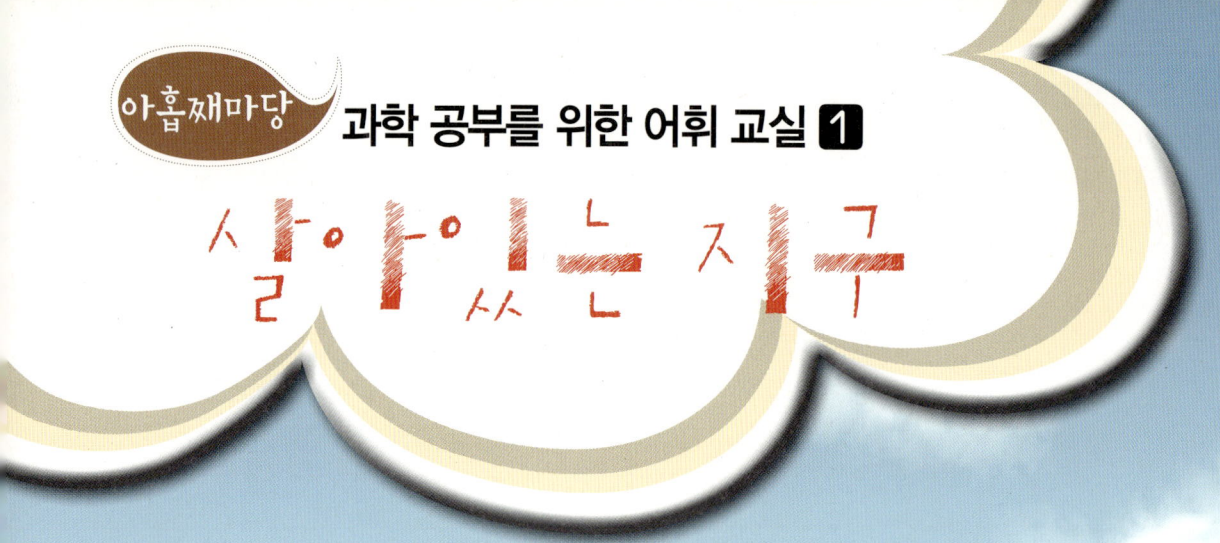

아홉째마당 과학 공부를 위한 어휘 교실 ❶
살아있는 지구

바닷가나 강가에 놀러 가서 동글동글한 돌멩이를 본 적이 있나요?

커다란 바위가 상류에서 하류로 흘러가면서
돌끼리 부딪치거나 물에 의해 깨지고 깎이면서
표면은 반질반질해지고 모양은 동글게 변한 거지요.

그런데 물을 따라 흘러가던 진흙, 모래, 자갈들이 쌓이게 됩니다.
계속 쌓일 때 그 사이에 동식물의 몸체나 흔적이 남는 경우도 있습니다.
어떤 돌멩이에는 모기가 그대로 들어간 것도 있지요.

우리 주변에 있는 돌 하나에도 관심을 가지고 관찰하면 재미있는 점이 많아요.
잘 찾아보세요.

어휘 만나기

다음 핵심 낱말을 알아봅시다.

자기장	깊다	변하다	누르다
폐기물	상류/중류/하류	해안선	무겁다
활발히	회로	상태	흐리다

노동자   노인   노선   용광로

백로

스마트   여울   지층

바른 인성을 기르는 속담

- 바늘 가는 데 실 간다.

아홉째 마당. 살아있는 지구 | 89

어휘 익히기

① 자기장

자석의 주위, 전류의 주위, 지구의 표면 따위와 같이 자기의 작용이 미치는 공간.
예) 지구 자기장의 양극은 시간적 간격을 두고 위치를 서로 바꾸기도 한다.

② 깊다

㉠ 겉에서 속까지의 거리가 멀다.
㉡ 생각이 듬쑥하고 신중하다.
㉢ 수준이 높거나 정도가 심하다.
㉣ 시간이 오래다.
㉤ 어둠이나 안개 따위가 자욱하고 빡빡하다.
예) ㉠ 뿌리 깊은 나무는 태풍에도 잘 견딘다.
　　㉡ 그는 생각이 깊어 다른 사람의 입장에서 생각하고 행동한다.
　　㉢ 책을 읽은 후 감명 깊은 점을 글로 쓰세요.
　　㉣ 밤이 깊어 가족들이 모두 잠들자 시계소리만이 집안을 가득 채웠다.
　　㉤ 텐트를 치고 누워 있으니 서서히 산속의 밤이 깊어 갔다.

③ 변하다

무엇이 다른 것이 되거나 혹은 다른 성질로 달라지다.
예) 밤부터 내리던 눈은 해가 떠오르자 비로 변하였다.

④ 누르다

㉠ 물체의 전체 면이나 부분에 대하여 힘이나 무게를 가하다.
㉡ 마음대로 행동하지 못하도록 힘이나 규제를 가하다.
㉢ 자신의 감정이나 생각을 밖으로 드러내지 않고 참다.
예) ㉠ 초인종을 눌렀지만 인기척이 나지 않았다.
　　㉡ 회의를 하면서 윗사람이 아랫사람을 힘으로 누르는 건 바람직하지 않다.
　　㉢ 친구의 놀림을 받고 수업 중에 화를 누르지 못하고 소리를 질렀다.

⑤ 폐기물

못 쓰게 되어 버리는 물건.
예) 핵폐기물 처리장을 만들기 위한 주민 투표를 실시하였다.

⑥ 상류/중류/하류

(상류) 강이나 내의 발원지에 가까운 부분.
(중류) 강이나 내의 중간 부분.
(하류) 강이나 내의 아래쪽 부분.
예) 한강 상류 지역에서 벌목한 목재를 실은 뗏목이 하류로 흘러갔다.

⑦ 해안선

㉠ 바다와 육지가 맞닿은 선.
㉡ 해안을 따라 놓은 철도 선로.
㉘ ㉠ 남해안은 해안선이 복잡하고 동해안은 단조롭다.
　　㉡ 해안선 옆으로 자전거를 타고 달렸다.

⑧ 무겁다

㉠ 무게가 나가는 정도가 크다.
㉡ 비중이나 책임 따위가 크거나 중대하다.
㉢ 죄과 따위가 심하거나 크다.
㉣ 힘이 빠져서 움직이기 힘들다.
㉘ ㉠ 무거운 짐을 들고 가시는 할머니를 도와 드렸다.
　　㉡ 학급회장으로서 맡은 책임이 무거웠다.
　　㉢ 병이 너무 무거워 빨리 회복하시기 힘들 것 같다.
　　㉣ 시험을 4시간이나 치뤘더니 몸이 무거워 바로 침대 위로 쓰러졌다.

⑨ 활발히

생기 있고 힘차며 시원스럽게.
㉘ 물고기 떼가 활발히 헤엄치고 있다.

⑩ 회로

여러개의 회로 소자를 서로 접속하여 구성한 전류가 흐르는 통로. ㉥ 전기회로
㉘ 컴퓨터는 전자회로를 이용한 기계이다.

⑪ 상태

사물·현상이 놓여 있는 모양이나 형편.
㉘ 물은 액체, 고체, 기체 상태로 바뀐다.

⑫ 흐리다

㉠ 기억력이나 판단력 따위가 분명하지 아니하다.
㉘ 나이를 먹으니 기억이 흐려졌다.

㉡ 셈 따위를 확실히 하지 못하다.
㉘ 계산이 흐리다.

㉢ 하늘에 구름이나 안개 따위가 끼어 햇빛이 밝지 못하다.
㉘ 날씨가 흐리다.

㉣ 분명하지 아니하고 어렴풋하다.
㉘ 글씨를 흐리게 써서 잘 보이지 않는구나!

어휘 다지기

한자로 알기 쉽게 배우는 우리말

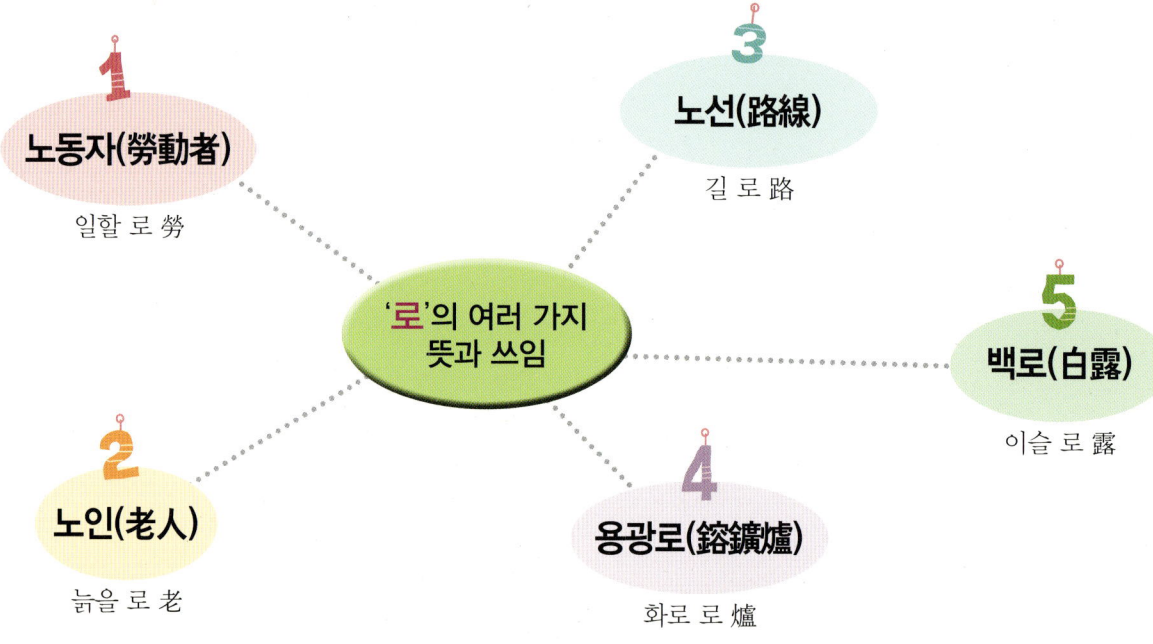

1. **노동자**(일할 로 勞, 움직일 동 動, 사람 자 者)는 노동력을 제공하고 얻은 임금으로 생활을 유지하는 사람을 말합니다.
   예) 노동자들은 자신들의 권리와 이익을 얻기 위해 노동조합에 가입하였다.

2. **노인**(늙을 로 老, 사람 인 人)은 나이가 들어 늙은 사람을 말합니다.
   예) 우리나라는 평균수명이 늘어서 노인 인구가 점점 많아지고 있다.

3. **노선**(길 로 路, 줄 선 線)은 자동차 선로, 철도 선로 따위와 같이 일정한 두 지점을 정기적으로 오가는 교통선을 말합니다.
   예) 지하철 노선표를 잘 보고 찾아 오너라.

4. **용광로**(녹일 용 鎔, 광물 광 鑛, 화로 로 爐)는 높은 온도로 광석을 녹여서 쇠붙이를 뽑아내는 가마를 말합니다.
   예) 용광로 안에서 철광석이 녹는 광경은 엄청난 불꽃들이 피어오르는 것 같았다.

5. **백로**(흰 백 白, 이슬 로 露)는 '이슬'을 아름답게 이르는 말이며, 24절기의 하나로서 밤 기온이 낮아져 이슬이 맺힌다는 시기입니다.
   예) 다음 주 화요일이 백로이니 밤에 덮을 이불을 꺼내야겠군.

알아 두면 좋을 외래어

스마트 (smart)
- **뜻**: ㉠ 사람이 맵시 좋은, 말쑥한.
  ㉡ 옷 등이 깔끔한, 맵시 있는.
  ㉢ 똑똑한, 영리한.
- **예** ㉠ 양복을 입으니 스마트해 보여.
  ㉡ 입학식을 맞아 스마트한 옷을 꺼내 입었다.
  ㉢ 스마트폰으로 인터넷 검색도 할 수 있어 편리하다.

아름다운 순우리말

여울
- **뜻**: 강이나 바다의 바닥이 얕거나 폭이 좁아 물살이 세게 흐르는 곳.
- **예** 징검다리의 디딤돌이 여울의 얕은 곳에 놓여 있었는데 지난 밤 큰 비로 몇 개가 떠내려 갔다.

개념 쏙쏙

 지층에 대해서 알아봅시다.

지층이란?
자갈, 모래, 진흙 등이 오랜 시간에 걸쳐 쌓이면서 층을 이루고 있는 것.
① 습곡: 지층이 휘어진 것.
② 단층: 지층이 끊어져 어긋난 것.

지층

습곡

단층

어휘 다지기

 **바른 인성을 기르는 속담**

바늘 가는 데 실 간다.

뜻 바느질을 하려면 바늘만 가지고 할 수 없겠죠? 실이 있어야 바느질을 할 수 있지요. 그것처럼 바늘이 가는 데 실이 항상 뒤따른다는 뜻으로, 사람의 긴밀한 관계를 비유적으로 이르는 말입니다. 마치 운동장에 가면 따라 가고, 화장실에 갈 때도 따라 가는 친구들을 보고 하는 말입니다.

 **놀며 배우는 말의 재미**

● 두 글자로 된 낱말을 이용하여 말 이어가기 놀이를 하여 봅시다.

첫 글자로 이어가기

〈보기〉 회로 – 회의 – 회장 – 회갑 – 회전 – 회피 – 회사

〈문제〉 상태 – ☐ – ☐ – ☐ – ☐ – ☐ – ☐

💡 다음 물음에 답하시오. (1~3)

1. 다음 뜻풀이에 알맞은 낱말을 찾아서 선으로 이으시오.

① 못 쓰게 되어 버리는 물건. •   • ㉠ 자기장

② 자석의 주위, 전류의 주위, 지구의 표면 따위와 같이 자기의 작용이 미치는 공간. •   • ㉡ 폐기물

③ 강이나 내의 중간 부분. •   • ㉢ 회로

④ 여러 개의 회로 소자를 접속하여 구성한 전류가 흐르는 통로. •   • ㉣ 중류

2. (　)안에 공통으로 들어갈 낱말을 고르시오. ·················· (　　)

> 이번 장마에 마을 앞 냇물이 많이 불어 물살이 무척 빨랐다. 건너 마을 삼촌 댁으로 심부름을 가려고 (　　) 쪽을 피하여 조심조심 징검다리를 건널 때였다. 맞은편에서 계시던 아주머니께서 (　　) 생각을 하시더니 다가와 내 손을 잡아 주셨다. 그 덕분에 무사히 건널 수 있었다.

① 친한　　② 얕은　　③ 깊은　　④ 어려운

3. 다음의 뜻을 가진 낱말을 찾아 쓰시오.

> 마을 앞 공원에 많은 사람들이 모여 들었다. 무슨 일인가 싶어 나도 따라 가 보았다.
> 사람들이 빙 둘러선 가운데 커다란 돌 하나가 놓여 있었다. 크기로 보아 꽤 무거워 보였다. 한 남자가 나와서 소리쳤다.
> "이 돌을 들 수 있는 사람에게 큰 상을 내리겠소."
> 덩치가 큰 남자가 앞으로 나가 돌을 들려고 하였지만 꼼짝도 하지 않았다.

뜻 : 무게가 나가는 정도가 커 ·· (　　　　)

어휘 겨루기

 ( )안에 알맞은 낱말을 보기에서 찾아 쓰시오. (4~7)

보기

㉠ 해안선　㉡ 활발히　㉢ 상태　㉣ 변하다　㉤ 눌러

4. 어머니는 딸의 도시락에 밥을 꾹꾹 ( ) 담았다.

5. 우리 일행은 복잡한 ( )을 따라 걸으며 바다 풍경을 감상하였다.

6. 어항을 깨끗이 청소한 후 맑은 물을 넣었더니 열대어들이 ( ) 움직였다.

7. 라면을 먹으려고 물을 끓였는데 모두 기체 ( )로 날아갔다.

다음 물음에 답하시오. (8~10)

8. 밑줄 그은 낱말 중에서 뜻이 <u>다르게 쓰인 하나</u>를 찾으시오. ………………… ( )

① 학급회장으로서 맡은 책임이 <u>무거웠다</u>.
② 동생의 책가방이 너무 <u>무거워</u> 들어 주었다.
③ 계단을 올라가시는 할머니의 짐이 <u>무거워</u> 보였다.
④ <u>무거운</u> 물건을 들다가 허리를 삐끗하였다.

9. 밑줄 그은 낱말 중에서 뜻이 <u>다르게 쓰인 하나</u>를 찾으시오. ………………… ( )

① 장마로 냇물이 불어 <u>깊어졌으니</u> 조심하여라.
② 해녀들은 <u>깊은</u> 바다에 들어가 전복을 땄다.
③ 책이 재미있어서 밤이 <u>깊어</u> 가는 줄도 몰랐다.
④ 강 <u>깊은</u> 곳에 생활 폐기물이 많았다.

10. 다음 문장에서 밑줄 그은 낱말의 뜻을 찾으시오. ………………… ( )

할머니께서 신문을 읽다가 물으셨다.
"오늘이 며칠이니?"
"할머니, 신문 위에 날짜가 써 있잖아요."
"그래, 근데 이 신문이 어제 건지 오늘 건지 잘 모르겠구나. 이 기사를 어제 본 것 같은데 기억이 <u>흐려서</u>."

① 셈 따위를 확실히 하지 못하다.　② 하늘에 구름이나 안개 따위가 끼어 햇빛이 밝지 못하다.
③ 분명하지 아니하고 어렴풋하다.　④ 기억력이나 판단력 따위가 분명하지 아니하다.

가로 세로 재미있는 말놀이

가로 열쇠와 세로 열쇠를 잘 읽고, 빈칸을 채우시오.

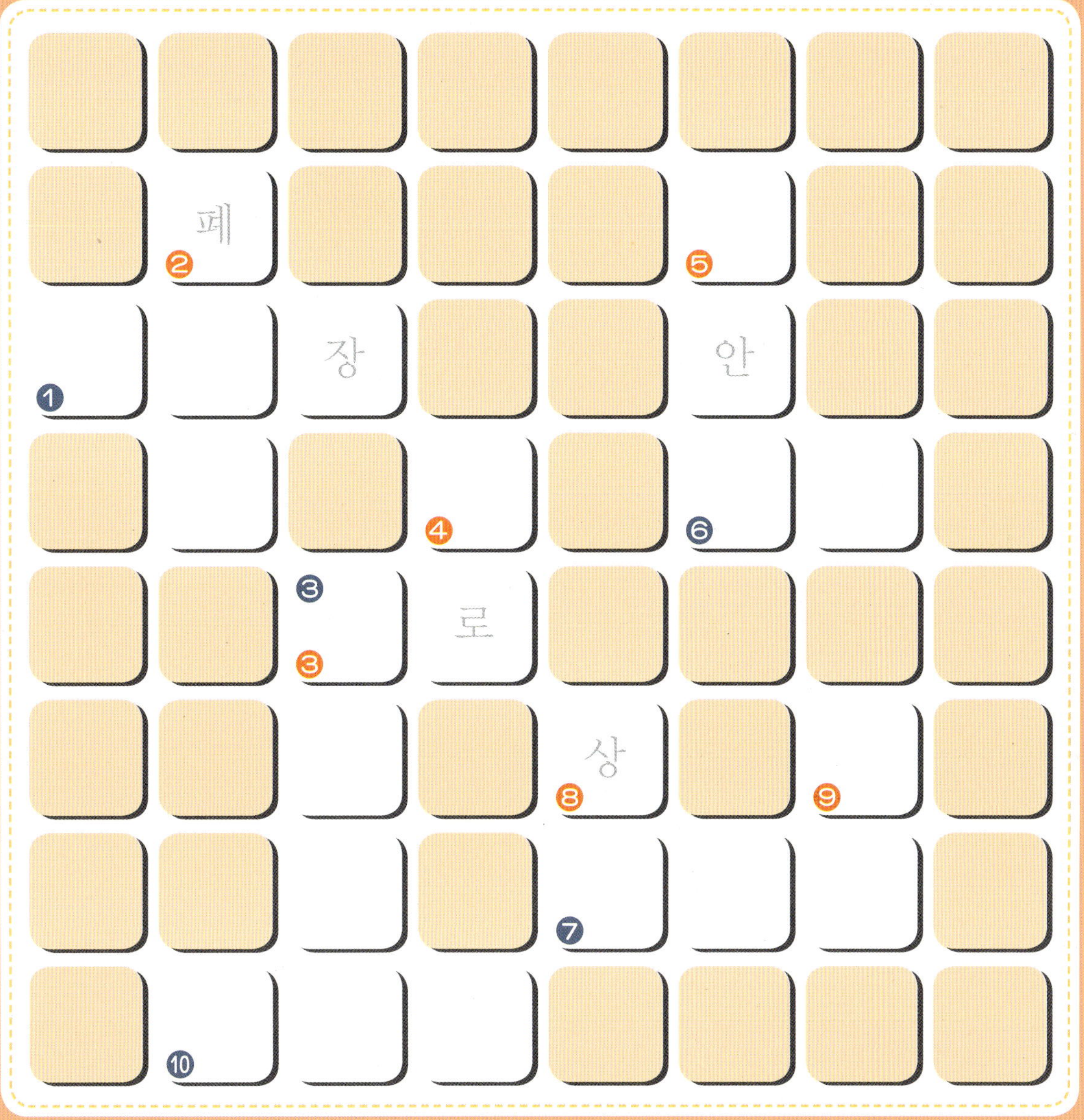

잠깐! 잠시~ 쉬었다 가도록 해요!

가로열쇠 ① 자석, +극과 −극. ③ 컴퓨터는 전자○○를 이용함. ⑥ 배의 최고 책임자, 후크○○. ⑦ 우리나라 고유의 전통 무예, 공격과 방어 기술. ⑩ 고령토, 고려청자, 그릇, 장식품.

세로열쇠 ② 못 쓰게 되어 버리는 물건, 음식○○○을 줄여야 해요. ③ 빙글빙글 ○○의자. ④ 하얀 이슬. ⑤ 바다와 육지가 맞닿은 선, 복잡하기도 하고 단조롭기도 하죠. ⑧ 고체○○, 액체○○. ⑨ 울릉도 옆, 동도와 서도, 화산섬.

정답: 가로열쇠 ①자기장 ③회로 ⑥선장 ⑦태권도 ⑩도자기 **세로열쇠** ②폐기물 ③회전의자 ④백로 ⑤해안선 ⑧상태 ⑨독도

열째마당 과학 공부를 위한 어휘 교실 2
식물의 일생

꽃이 아름답게 피어 있는 화단에는 어김없이 벌과 나비가 날아들죠.
벌과 나비는 꽃에서 꿀을 얻고, 꽃은 벌과 나비 덕분에 암술 씨방에 수술 꽃가루가 들어가
수정을 하여 씨가 되기도 하고 열매가 되기도 하죠.

그런데 꽃이 피지 않는 식물들은 어떻게 번식을 할까요?
고사리류, 이끼류, 버섯류, 곰팡이류는 포자(홀씨)로 번식을 해요.
포자(홀씨)는 현미경으로 보아야할 만큼 작은 알갱이인데, 공기 중에 떠돌다가
자라기에 적당한 장소에 붙어서 주위의 영양을 흡수하며 자란답니다.

예쁜 꽃이 피는 식물뿐만 아니라 꽃이 피지 않는 식물들도 번식을 위해 많은 노력을 하지요.
우리 주변에 있는 식물에 관심을 가지고 관찰하면 재미있는 점이 많아요.
잘 찾아보세요.

다음 핵심 낱말을 알아봅시다.

안개	자라다	뽑다	번식
효과	강하다	측정하다	알갱이
이끼	진공	신경계	짓다

| 교과서 | 결과 | 과거 | 과장 |
| 독과점 | | | |

| 미션 | 덤 | 관찰 | |

바른 인성을 기르는 속담

* 소 잃고 외양간 고친다.

열째 마당. 식물의 일생 | 99

어휘 익히기

① 안개
지표면 가까이에 아주 작은 물방울이 부옇게 떠 있는 현상.
(예) 안개가 짙어서 비행기가 뜰 수 없었다.

② 자라다
㉠ 생물체가 세포의 증식으로 부분적으로 또는 전체적으로 점점 커지다.
㉡ 생물이 생장하거나 성숙하여지다.
㉢ 세력이나 역량 따위가 커지거나 높아지다.
(예) ㉠ 밥도 잘 먹고 운동도 열심히 하더니 1년 사이에 키가 3cm나 자랐다.
㉡ 감나무는 남쪽 지방에서 잘 자란다.
㉢ 예절바른 태도는 가정에서부터 자란다.

③ 뽑다
㉠ 박힌 것을 잡아당기어 빼내다.
㉡ 속에 들어 있는 기체나 액체를 밖으로 나오게 하다.
㉢ 여럿 가운데에서 골라내다.
(예) ㉠ 치과에 가서 썩은 이를 뽑았다.
㉡ 자전거 바퀴가 너무 탱탱해서 바람을 조금 뽑았다.
㉢ 예선을 거쳐 이어달리기 대표를 뽑았다.

④ 번식
붇고 늘어서 많이 퍼짐.
(예) 암세포의 번식을 막는 새로운 물질이 실험단계에 있다.

⑤ 효과
어떤 목적을 지닌 행위에 의하여 드러나는 보람이나 좋은 결과.
(예) 같은 약이라도 환자의 상태에 따라 치료 효과가 다를 수 있다.

⑥ 강하다
㉠ 물리적인 힘이 세다.
㉡ 무엇에 견디는 힘이 크거나 어떤 것에 대처하는 능력이 뛰어나다.
(예) ㉠ 어제는 사람이 날아갈 정도로 강한 바람이 불었다.
㉡ 추위에 강한 품종을 만들어 보급하였다.

⑦ 측정하다

일정한 양을 기준으로 하여 같은 종류의 다른 양의 크기를 재다. 기계나 장치를 사용하여 재기도 한다.
예) 이번 장마에 내린 비의 양은 기상청이 측정한 이래 가장 많은 양이다.

⑧ 알갱이

㉠ 열매나 곡식 따위의 낱알.
㉡ 작고 동그랗고 단단한 물질.
예) ㉠ 뇌는 부드러운 치즈와 같으며, 외형적인 모양으로 보면 큰 호두 알갱이 같이 생겼다.
㉡ 모래 알갱이 속에는 여러 가지 광물이 들어있다.

⑨ 이끼

선태식물에 속하는 은화식물을 통틀어 이르는 말. 잎과 줄기의 구별이 분명하지 않고 관다발이 없는 하등 식물로 고목이나 바위, 습지에서 자란다.
예) 돌담에 이끼가 끼어 있었다.

⑩ 진공

물질이 전혀 존재하지 아니하는 공간.
예) 고장 났던 진공청소기가 윙 소리를 내며 다시 돌아가기 시작했다.

⑪ 신경계

몸속의 상태와 바깥 환경의 변화에 반응하고 적응하는데 관여하는 신경 조직으로 이루어진 기관.
예) 뇌와 척수는 중추신경계를 이루는 반면에, 다른 신경은 말초신경계를 이룬다.

⑫ 짓다

㉠ 재료를 들여 밥, 옷, 집 따위를 만들다.
예) 고향에 집을 지었다.

㉡ 여러 가지 재료를 섞어 약을 만들다.
예) 몸이 허한 것 같아서 보약을 지어 먹었다.

㉢ 시, 소설, 편지, 노래 가사 따위와 같은 글을 쓰다.
예) 시를 지어 발표하였다.

㉣ 논밭을 다루어 농사를 하다.
예) 귀촌하신 아저씨가 농사를 잘 지었다.

어휘 다지기

한자로 알기 쉽게 배우는 우리말

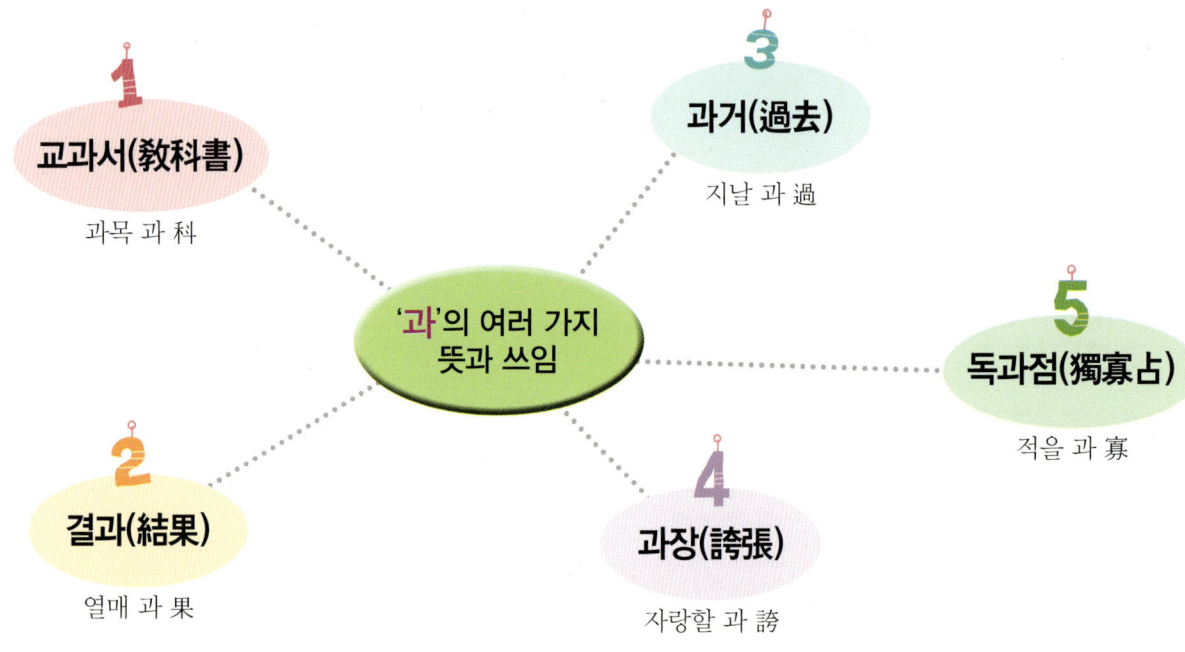

1. **교과서**(가르칠 교 敎, 과목 과 科, 글 서 書)는 학교에서 가르치는 데 쓰는 책을 말합니다.
   예) 3학년 교과서는 모두 국어, 도덕, 수학, 사회, 과학, 음악, 미술, 체육, 영어이다.

2. **결과**(맺을 결 結, 열매 과 果)는 ㉠어떤 원인으로 인하여 이루어진 결말 ㉡과일이 열매를 맺음이라는 뜻입니다.
   예) 노력 없이 좋은 결과를 기대할 수 없다.

3. **과거**(지날 과 過, 갈 거 去)는 이미 지나간 때를 말합니다.
   예) 과거의 잘못을 되풀이하지 않도록 노력합니다.

4. **과장**(자랑할 과 誇, 베풀 장 張)은 사실보다 지나치게 불려서 나타냄을 말합니다.
   예) 과장된 신문 기사에서 진실을 찾는 노력이 필요하다.

5. **독과점**(홀로 독 獨, 적을 과 寡, 차지할 점 占)은 하나 혹은 소수의 특정 자본이 생산과 시장을 지배하고 이익을 독차지하는 상태를 말합니다.
   예) 시장 가격을 유지하기 위해 독과점을 규제하기로 하였다.

알아 두면 좋을 외래어

미션 (mission)
- **뜻**: 목표나 목적, 임무나 과업, 중요한 일.
  - 국립국어원이 개설·운영하고 있는 '모두가 함께하는 우리말 다듬기' 사이트를 통하여 '중요임무'로 순화하였다.
- **예** 팀의 미션을 성공시키기 위하여 정해진 역할을 끝까지 수행한다.

아름다운 순우리말

덤
- **뜻**: 제 값어치 외에 거저로 조금 더 얹어 주는 일. 또는 그런 물건.
- **예** 귤을 만 원어치 샀더니 덤으로 2개를 더 주었다.

개념 쏙쏙

▶ 관찰에 대해서 알아봅시다.

❀ **관찰이란?**
어떤 물체나 행동, 일 등의 특징에 대하여 자세히 살펴보는 것입니다.

❀ **관찰을 잘 하려면**
①  등의 다섯 가지 감각을 사용합니다.
② 자, 저울, 온도계 등의 도구를 사용하여 관찰한 내용을 숫자로 나타냅니다.
③ 처음 본 것처럼 자세하게 관찰합니다.
④ 관찰한 내용은 그때그때 기록하되 느낀 점은 쓰지 않습니다.

어휘 다지기

 **바른 인성을 기르는 속담**

소 잃고 외양간 고친다.

뜻 소를 도둑맞은 다음에야 빈 외양간의 허물어진 데를 고치느라 수선을 떤다는 뜻으로, 일이 이미 그르친 다음에 손을 써도 소용없다는 말을 비꼬아서 하는 말입니다.

예를 들어보면, 아파트에 화재가 생겨서 많은 사람들이 다치고 재산을 잃을 뒤에 자동 소화 장치인 스프링클러를 설치하느라 애쓰더라도 잃어버린 재산을 되찾지는 못할 것입니다.

살얼음이 언 연못에서 얼음 낚시를 하다가 사람이 빠져 죽은 뒤에 "위험–들어가지 마시오"라는 경고문을 붙인다고 해서 죽은 사람을 살릴 수는 없을 것입니다.

 **놀며 배우는 말의 재미**

● 두 글자로 된 낱말을 이용하여 말 이어가기 놀이를 하여 봅시다.

마지막 글자로 이어가기

〈보기〉 번식 – 간식 – 지식 – 방식 – 음식 – 회식 – 야식

〈문제〉 안개 – ☐ – ☐ – ☐ – ☐ – ☐ – ☐

 다음 물음에 답하시오. (1~3)

1. 다음 뜻풀이에 알맞은 낱말을 찾아서 선으로 이으시오.

   ① 어떤 목적을 지닌 행위에 의하여 드러나는 보람이나 좋은 결과.   ●   ● ㉠ 안개

   ② 지표면 가까이에 아주 작은 물방울이 부옇게 떠 있는 현상.   ●   ● ㉡ 번식

   ③ 붇고 늘어서 많이 퍼짐.   ●   ● ㉢ 효과

   ④ 잎과 줄기의 구별이 분명하지 않고 관다발이 없는 하등 식물.   ●   ● ㉣ 이끼

2. ( )안에 공통으로 들어갈 낱말을 고르시오. ·········· ( )

   > 자전거를 타고 치과에 갔다. 일주일 전부터 흔들리던 이를 (   ). 돌아오는 길에 자전거 수리점에 들러 손잡이의 나사를 조이고 너무 탱탱했던 바퀴의 바람을 조금 (   ).

   ① 보았다   ② 고쳤다   ③ 뽑았다   ④ 돌봤다

3. 다음의 뜻을 가진 낱말을 찾아 쓰시오.

   > 율곡 이이는 1536년 강원도 강릉부 죽헌동에 있는 외가인 오죽헌에서 사헌부감찰 이원수와 신사임당의 셋째 아들로 태어났다. 또한 어머니 신사임당은 덕이 매우 높은 인격자였을 뿐만 아니라, 절개가 굳고 시부모를 잘 섬긴다고 칭송을 받던 인물이었다. 더욱이 학문이 깊고 시와 글에도 능할 뿐만 아니라 그림에도 일가견이 있는 여인으로 이이는 어려서 어머니에게서 학문을 배웠다. 이런 교육환경 속에서 자라난 이이는 어려서부터 효심이 깊고 총명하였으며 후에 성리학 연구에 많은 업적을 남겼다.

   뜻 : 생물이 생장하거나 성숙하여지는 ·········· ( )

어휘 겨루기

( )안에 알맞은 낱말을 보기에서 찾아 쓰시오. (4~7)

보기
㉠ 진공   ㉡ 효과   ㉢ 측정하였다   ㉣ 알갱이   ㉤ 신경계

4. 집안에 먼지가 많으니 (   ) 청소기로 제거하면 좋겠다.

5. 해수욕장 모래 (   ) 속에서 동전을 주웠다.

6. 동물이 등장하는 광고의 (   ) 는 매우 높다.

7. 측우기로 강수량을 (   ).

다음 물음에 답하시오. (8~9)

8. 밑줄 그은 낱말 중에서 뜻이 <u>다르게 쓰인 하나</u>를 찾으시오. ············ (   )
   ① 국어 시간에 '심부름'이라는 시를 <u>지어</u> 읽었다.
   ② 어머니 생신날이어서 내가 아침밥을 <u>지었다</u>.
   ③ 솜씨 좋은 이모가 내 원피스를 <u>지어</u> 주셨다.
   ④ 경치 좋은 곳에 나무로 집을 <u>지었다</u>.

9. 밑줄 그은 낱말 중에서 뜻이 <u>다르게 쓰인 하나</u>를 찾으시오. ············ (   )
   ① 소나무는 추운 지방에서 잘 <u>자란다</u>.
   ② 아기들은 엄마 품에서 잘 <u>자란다</u>.
   ③ 예절바른 태도는 가정에서부터 <u>자란다</u>.
   ④ 밭에 심은 콩이 싹이 난 후 비를 맞고 쑥쑥 <u>자란다</u>.

다음 낱말을 넣어 문장을 만들어 쓰시오. (10)

10. 강하다 : _____

잠깐! 잠시~ 쉬었다 가도록 해요!

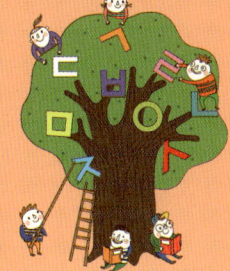

가로 세로 재미있는 말놀이

가로 열쇠와 세로 열쇠를 잘 읽고, 빈칸을 채우시오.

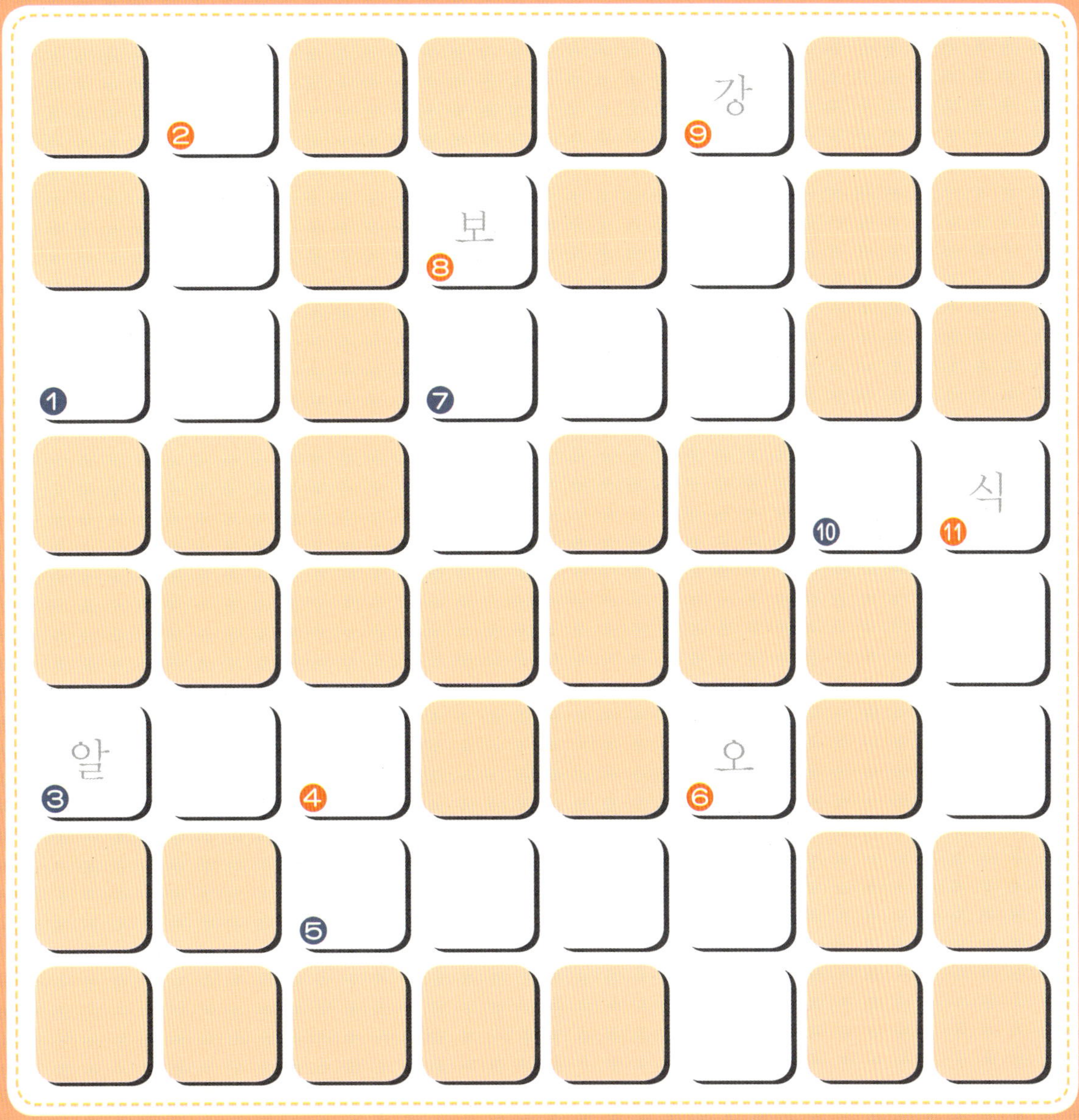

가로열쇠 ❶ 지표면 가까이에 아주 작은 물방울이 부옇게 떠 있는 현상. ❸ 작고 단단한, 보리 ○○○, 모래○○○. ❺ 여럿이 무리를 지어 따로따로, ○○○○ 어울리네. ❼ 1년 사이에 키가 3cm ○○○. ❿ 붇고 늘어서 많이 퍼짐, 세균 (　)을 막는다.

세로열쇠 ❷ 일곱색깔. ❹ 고목이나 바위, 습지, 우산○○, 솔○○. ❻ 칼이나 가위 따위로 베어 내다. 색종이를 ○○○. ❽ 물건을 싸서 들고 다닐 수 있도록 네모지게 만든 천, 옛날엔 책가방 대신 씀. ❾ 힘이 세다, 잘 견딘다. ⓫ 독이 있는 음식, 설사·복통·구토 증세.

정답: 가로열쇠 ①안개 ③알갱이 ⑤끼리끼리 ⑦자라다 ⑩번식 **세로열쇠** ②무지개 ④이끼 ⑥오리다 ⑧보자기 ⑨강하다 ⑪식중독

 **국어 공부를 위한 어휘 교실 ①**
이야기 세상

놀며 배우는 말의 재미

14쪽

조용히, 다정히, 굉장히, 다행히, 열심히, 여전히 등

어휘 겨루기

15~16쪽

1. ①-ⓒ, ②-ⓒ, ③-㉠, ④-㉣
2. ①
3. 말투
4. ⓒ 비틀었다
5. ㉠ 몸부림
6. ⓒ 넉넉히
7. ㉣ 삼켰다
8. ③
9. ④
10. ㉠ 늘리다(늘렸다), ⓒ 늘이다(늘였다)

 **국어 공부를 위한 어휘 교실 ②**
고운 마음 고운 말

놀며 배우는 말의 재미

24쪽

고장, 고무, 고향, 고기, 고뇌, 고래 등

어휘 겨루기

25~26쪽

1. ①-ⓒ, ②-㉠, ③-㉣, ④-ⓒ
2. ②
3. 알리고
4. ㉠ 갑자기
5. ⓒ 기분
6. ⓒ 함께
7. ㉤ 평소
8. ③
9. ①
10. (생략)

 국어 공부를 위한 어휘 교실 ❸

비교하며 읽어요

 국어 공부를 위한 어휘 교실 ❹

배려하는 마음

 놀며 배우는 말의 재미

34쪽

메우다, 깨우다, 게우다, 채우다, 태우다, 재우다 등

 놀며 배우는 말의 재미

44쪽

몸조심, 몸차림, 몸뚱이, 몸치장, 몸부림, 몸맵시 등

 어휘 겨루기

35~36쪽

1. ①-㉠, ②-㉡, ③-㉣, ④-㉢
2. ④
3. 힘쓰고
4. ㉢ 종종걸음
5. ㉠ 슬그머니
6. ㉡ 수북이
7. ㉣ 기척
8. ①
9. ③
10. (생략)

 어휘 겨루기

45~46쪽

1. ①-㉢, ②-㉠, ③-㉣, ④-㉡
2. ③
3. 노릇
4. ㉤ 덤불
5. ㉣ 걸어
6. ㉡ 나왔다
7. ㉢ 어귀
8. ②
9. ④
10. ㉠-반드시, ㉡-반듯이

 **다섯째마당** 수학 공부를 위한 어휘 교실
생활 속의 수학

 놀며 배우는 말의 재미

54쪽
사양, 영양, 서양, 동양, 한양, 산양 등

어휘 겨루기

55~56쪽
1. ①-ⓒ, ②-ⓒ, ③-ⓐ, ④-ⓓ
2. ②
3. 곡선
4. ⓒ 사각형
5. ⓐ 밀리미터
6. ⓒ 원
7. ⓓ 중심
8. ④
9. ②
10. ⓐ-밀리미터, ⓒ-킬로미터

 **여섯째 마당** 사회 공부를 위한 어휘 교실 ❶
세계로 뻗는 우리

 놀며 배우는 말의 재미

64쪽
요술, 요리, 요정, 요양, 요람, 요강 등

 어휘 겨루기

65~66쪽
1. ①-ⓒ, ②-ⓐ, ③-ⓓ, ④-ⓒ
2. ①
3. ⓜ 왕조
4. ⓒ 바로잡아
5. ⓐ 영토
6. ⓓ 넓히기
7. ④
8. ①
9. (생략)
10. (생략)

 **일곱째 마당** 사회 공부를 위한 어휘 교실 ❷
소통하는 사회

 **여덟째 마당** 사회 공부를 위한 어휘 교실 ❸
서로 다른 문화

 놀며 배우는 말의 재미

`74쪽`

법원, 고원, 화원, 광원, 차원, 타원 등

 놀며 배우는 말의 재미

`84쪽`

고지대, 의지력, 금지법, 마지막, 소지품, 편지지 등

 어휘 겨루기

`75~76쪽`

1. ①-ㄹ, ②-ㄷ, ③-ㄴ, ④-ㄱ
2. ④
3. 위치
4. ㄹ 왜군
5. ㅁ 이어받아서
6. ㄷ 지역
7. ㄱ 기울이는
8. ③
9. ②
10. (생략)

 어휘 겨루기

`85~66쪽`

1. ①-ㄴ, ②-ㄷ, ③-ㄱ, ④-ㄹ
2. ①
3. 여가
4. ㄹ 다졌다
5. ㄱ 다투다가
6. ㄴ 농경
7. ㅁ 연구
8. ②
9. ①
10. (생략)

정답 | 113

 **아홉째 마당** 과학 공부를 위한 어휘 교실 ❶
살아있는 지구

 **열째마당** 과학 공부를 위한 어휘 교실 ❷
식물의 일생

 어휘 다지기

`94쪽`

상자, 상장, 상품, 상담, 상속, 상표 등

 어휘 다지기

`104쪽`

찌개, 베개, 번개, 소개, 물개, 들개 등

 어휘 겨루기

`95~96쪽`

1. ①-ㄴ, ②-ㄱ, ③-ㄹ, ④-ㄷ
2. ③
3. 무거워
4. ㉤ 눌러
5. ㉠ 해안선
6. ㉡ 활발히
7. ㉢ 상태
8. ①
9. ③
10. ④

 어휘 겨루기

`105~106쪽`

1. ①-ㄷ, ②-ㄱ, ③-ㄴ, ④-ㄹ
2. ③
3. 자라난
4. ㉠ 진공
5. ㉣ 알갱이
6. ㉡ 효과
7. ㉢ 측정하였다
8. ①
9. ③
10. (생략)

인 쇄	2016년 4월 12일
발 행	2016년 4월 20일
지 은 이	장금희, 박정숙, 양효순, 차민경, 이지형
펴 낸 이	김정덕
펴 낸 곳	주식회사 형민사
등 록 번 호	제2016-000003호
주 소	㈜ 04551 서울특별시 중구 수표로 45, 505호 (저동2가, 비즈센터)
구 입 문 의	TEL. 02-736-7694 FAX. 02-736-7692
인터넷구매	www.hanja114.co.kr
정 가	10,000원
I S B N	978-89-91325-82-1 13700

* 이 책에 실린 모든 편집 내용에 대한 저작권은 '주식회사 형민사'에 있으므로, 무단으로 복사 및 복제를 할 수 없습니다.
* 파손된 책은 바꾸어 드립니다.